幸せを呼ぶ

発想塾

A cram school
that learns
ideas that bring
happiness

NAKAYAMA
Norio

中山憲士

文芸社

はじめに

「発想塾の効果は、人生、社会を一変させる」

日本の教育は「覚える教育」です。その教育を受けた方々が、最初はウソだと思っていても、本書を読み終わり、発想塾を体験すると、まず、答のないモノを**考える重要性**を知ります。そして、答を得るために「新（0から1）」に初めて取り組んでいくと、自分の周りの環境が変わり始め、周囲の人たちとの相互の信頼度も大きく上がり、沸き立つ進化（変化）した凄い自分を見つけ、「よし！」と、自信を得るのです。そして即時、塾活動を開始されて、さらに前向きな姿勢で活動を続けていると、周りから頼られる人となり、塾参加者のどなたもがビックリされます。

「AI時代にこそ、人間本来の姿を取り戻せ！」

覚えること、繰り返すことはＡＩの得意分野です。学校教育においても、現在の「覚える教育」は過去の教育方法となるでしょう。仕事も、繰り返し作業と呼ばれるものは、ＡＩが人間の何倍もの速さで処理する時代になります。また、データ処理できるものものもすべてＡＩの領域です。大学も、高校も、小・中学校も、学習塾なども含め、授業のほぼすべて、そして職業においても、覚え、繰り返す仕事はＡＩが処理するようになります。

このような中で、これからの人間は、人としての生き方（教育・仕事観）が問われ（追求され）るようになるでしょう。未体験、未経験を、どうすれば処理（切り拓くことが）できるか、周りを見渡し、「新」に向かって考える時代です。従来の、考えないで覚えるだけの作業（繰り返し作業）や、勉強（暗記型）は、すべてがＡＩ化となり、今後、人間がそれを続けようとしても面白くなく、そのうちＡＩに奪われます。

人間本来の勉強や仕事においては、覚えるだけの時代は終わり、「考える時代」となっています。これは、ＡＩでは取り組めない領域です。未知の部分、人類が経験したことがない部分を、「どのようにすれば、どうすれば上手くいくか」で考える時代です（これはＡＩには方法が定まっていないために難しい部分であり、人間本来の姿を取り戻し、考え、「新」に挑戦しながら未開の部分を拓いていくことです）。

これらのことが、皆さんがこれから取り組む「発想塾」の内容であり、人間本来の姿（ＤＮＡ）を蘇らせ、老若男女問わず、本当の喜びを持って幸せに生きることにつながるのです。

本書は、一気に全部読む必要はありません。塾の開催時に、必要な箇所を読んで、自分に活かしましょう。似たような表現が繰り返し出てくるのも、そのためです。

また、塾運営の細部（手法など）などは、対象者ごとに少し違ってくるため、本書では述べていません。その点をご理解いただきますようお願いいたします。

［発想塾の目指すモノ］

塾への参加を続けていくと、周りから頼られる自分の姿を発見することになります。そして本部塾は、成果を高めるアドバイスを行います。

◎発想塾は、一人塾、二人塾、三人塾、地域塾、戦略塾、自治体塾、団体塾、企業塾、気の合う仲間塾、同級生塾、未来塾、ビジネス塾、副（複）業塾、人間塾、生き方塾、レストラン内塾、子供塾、学校塾、七十歳塾、人生まとめ塾、恋愛塾、ファッション塾、老人（ホーム）塾……などなど、発想塾を経験された方が中心となり、どこででも開催でき、どれも参加者の生きがいを生み出します。

◎これからの日本の教育界にとても重要となり、強く求められる、「覚える教育から、考える教育へ」の重要性を知っていただきます。

◎特に、未来を担う子供たちには、「考えること」の体験を通して、考えることの大事さ、喜びをしっかりと知っていただき、自分の意見（意思）を持ち、質問のできる子供（人間）になることを学びます。
◎時代を先読みする力を学びます（人間本来が持つDNAの目覚め）。
◎周りの人も、モノも、一〇〇％完成することはありません。常に進化（向上）を考えるのが人間の基本であることを知り、自分を見直し、周りを見渡し、一〇〇％に近づけるテーマを見つけ、考え、学びます。
◎目的か、手段かで考え、発想塾の成功率を高めます（「真の目的は？」で考えることの癖づけを学びます）。
◎発想塾では、当たり前なことを見直し、一考すると「えっ!?」が生まれるという体験ができます。また、時代の先を読み、素晴らしい「えっ!?」を体験していただきます。
◎発想塾に集まった前向き人間たちの波動が、良い相乗波動効果（共振）を呼び込み、第三の「凄い」発想を呼ぶ（生む）ことを知っていただきます。
◎ピンチをチャンスと考える（必ず面白いモノがある）大切さ（感謝心が成果になること）を知っていただきます。
◎楽しく発想例を学び、実践、実績づくりに貢献する手法を学びます。
◎塾に参加すると、不平、不満が自然と減り、前向き、肯定的に考えることの重要性がわかります。

◎「できない、無理だ」を、「できる」で考えると凄い変化が起こるということを知り、積極性が生まれます。
◎三十年（一世代）単位、①起（創）期、②隆盛期、③衰退期で時代変化を読み解き、個人や、企業などの団体・行政など、すべての方々が、時代の先駆け企業・団体として「考える」ことにより、自企業・自団体が隆盛することを学びます。
◎副（複）業を生むこと（ＡＩ時代の今、個人も企業も次代を考え、視野を広げることが重要です）で、考えることを知っていただきます。
◎急変する今の時代、業種ごとの未来の変化を観た企業コンサルタントを行います（強い永続企業を目指すアドバイス）。
◎世界から遅れかけている「考えない日本」の将来を、「考える、夢のある日本」に蘇らせる指導には特に力を入れています。

［発想塾での、「えっ!?」と驚くような体験（効果）］
◎自分の人生の目標が誕生する。
◎身近な、家庭、職場、学校、近隣などの知り合いみんなが沸き立ち、仲良く、元気になる。

◎まず、家族（子供）が前向きになり、頭の良い子、ＡＩを超えた「考える子」になる。
◎幼児、子供、そして大人、老人まで、ほとんどの人が元気で前向きになる。
◎ＡＩ時代の今だからこそ、人間本来の生き方を呼び戻し、生きがいを得る。
◎自分の周囲の環境である家族や職場などから、不平、不満、愚痴がなくなり、「凄い！」「すごい！」「スゴイ！」が飛び交う、沸き立つ人間関係が出来上がる。
◎他人への批判、中傷、愚痴、不平、不満が減り、前向きな言葉によって仲の良さが増し、運気が上がる。
◎日々、楽しく学び、考え、行動することが主になり、有意義な時間が多くなる。
◎大発見、大発明を呼び込み、「特許」や「ノーベル賞」を、あなた、もしくはあなたの子や孫が手にするかもしれない。
◎鬱や引きこもり、ゲーム依存症の人にも、新たな目標（これを生むことが大切）が生まれ、現状から脱出し、未来に向かって楽しく夢を持って考え、行動する充実した姿となる。
◎企業は、次代を捉えた希望のある、考える企業風土を育て、「新」を発見、「新」を考案。提案力のある前向きさで業界を、日本を、時代をリードしていく。
◎日本の「ＡＩ企業や５Ｇ企業」は欧米などから遅れているが、十年以内に、時代を先取りし、先頭を行くことになるかもしれない。さらに、6Gを考える企業の出現も。
◎人間力が高く、日本人であることを誇りとした、世界が羨む日本人になる。

「発想塾は性別年齢を問わず、人を輝かせる」

発想塾は一人から始まる塾です。最初は本部塾で学び、次は、夢を持ったあなたが塾長となって拡大していきます。

周りを見渡して気づいたちょっとした思いつきなど、無理をせずに、身近なテーマからスタートします。途中、沸き立つことで周りの仲間や企業内の大半を呼び込むと、人の波動が大きくなり（共振効果となって現れる）、凄い成果につながります。

人類のDNAには常に「進化すること」が埋め込まれており、塾活動でDNAが目を覚まし、私には無理だという考えや、愚痴や人の批判などの否定的な言動、行動がなくなり、前向きな肯定語が増え、人間本来の喜びを呼び戻します。

人生というものは、無理をせず、常に勉強（進化）することが使命です。

結果、老若男女すべての人が、驚くような生きがい、満足、やる気、成果を得ることにつながり、年齢に関係なく、元気で笑顔が絶えない若さ溢れる仲間（家族から始まり、地域、職場、行政機関、国家）となります。

あるデータ（亡くなった人を周りの人が性格判断しての、性格と寿命のデータ）では、健康で長寿の人（仮にAさんと呼ぶ）の性格は、積極思考で、不平、不満、愚痴を発しない、他人を批判しない、意味のない過去を語らないという、積極的に思考し、目標を持って生きてきた人が大半だといいます。

逆に、不健康で短命の人（仮にBさんと呼ぶ）は、Aさんとは逆で、消極的思考で、不平、不満、愚痴を常に発する、人の批判をよくする、過去の話を常にするという、人生の目標を以前から持っておらず、目に輝きがなかった生き方が中心だといいます。

そして、AさんとBさんの生命力の差は二十四歳もあるとのことです。仮に人の平均年齢を八十歳とすると、Aさんタイプは元気に九十二歳まで生き、一方、Bさんタイプは生きていても不満が多く、認知症を伴ったりしていて六十八歳くらいで亡くなるということになるそうです。つまり人間は、日々目標を持ち、積極的に生きることにより、認知症にもならずに長寿となるということです。誰もが意欲（目標）を持って生きていけば、理想的と言われている「ピンピンコロリ人生」になれるかもしれません。このAさんタイプが、発想塾が目指している姿です。

発想塾活動をされる人たちは、元気な長寿社会を形成し、生産性を上げ、人口を増やし、人間力を高め、元気な郷土（国）を作る基礎的な人材であり、AI時代には特に重要となる人たちなのです。

「塾の対象者は皆さん全員。参加することでみんなが輝く」

まず、参加は自分（一人）からが始まりです。そして周りを見渡して、自分の子供、またお爺さんやお婆さんを含む家族、近隣の人たち、学生、職場、同窓、趣味仲間と、みんなを呼び込み、「楽しい！」「面白い！」「凄い！」と沸き立つ仲間づくりをします。その結果、「これは私（子供が、孫が）が考えたのだ」「特許が取れた」「高収入になった」「地域が良くなった」「会社が大きく儲けるようになった」「相手がとても喜んでいる」「住民と役所が相互に協力し合い、凄い一体感を生んだ」などなど、みんなが発想塾活動に参加したことにより、「凄い！　スゴイ！」と元気な言葉が飛び交い、積極的で元気のある仲間が多くの地域で生まれ、前向きな相乗効果を生み、さらに進化、拡大していきます。

発想塾に参加していると、それぞれが考え、「新」提案をすることで、ある瞬間に、幼児が、子供が、大学生が、親御さんが、お爺さん・お婆さんが、新入社員が、中堅社員が、役員が、門外漢の人が、トップが、自治体が、業界が、政治家などが、その場が沸き立つムードとなり、驚くようなビッグ「新」が生まれることがあります（周りの人・意見をすべて肯定することです。この肯定感が良い波動となり、沸き立つムードが生まれます。

「新」を生むにはこれが大切です）。

戦後のＧＨＱの指導のもと、日本の教育では答のあるものを「教え、覚えることが中心の暗記教育」（私が言う「枠内教育」*1）となりました。これが教育システムの主のため、何か問題が発生した場合に、問題の中身を他者に伝えることはできても、問題解決のためにはどうしたらいいかということを**考える教育**ができていません。これが、日本が世界から遅れている大きな原因です（詳細は本文内にて）。

しかし、欧米ではこの「考える教育」が日本よりも進んでいて、世界の先端を行っています。ＡＩ時代を迎えた今日、日本も早くそれを取り入れ、「考えることを癖にすべき」と、私は強く思っています。発想塾をひらくに至ったのも、この危機感からきています。

*1枠内教育：戦後行われてきた「枠内教育」は、現国民のほぼすべてが受けてきた教育です。そのため、国民全員が「覚える教育」で終わり、「考える教育」には至っていません（外国人からも、考えない日本人、意見を言わない日本人と言われています）。故に、大きく言えば現日本国民のすべてが、現在も「枠内教育」の中でしか思考をしていません。誰も、枠外の「新」に向かって考える癖がありません。ＡＩが台頭してきた今日、世界で闘うためにも、ＡＩと人間の領域をはっきりさせ、さらに人の生きがいづくりにつなぐためにも、国民全員が戦後教育の枠を外し、発想塾活動を取り入れ、家庭、学校、地域、職場の誰もが、周辺環境や未

来について、考える癖をつけることが重要だと思っています。

発想塾参加者からは、こんなご感想をいただいています。

「今までは、こんなこと（発想塾）を考えたことはありませんでしたが、発想塾に参加して面白くなりました。今まではすぐに『無理です』と言っていたのが、ヒントをいただき、『できる』と考える癖がつきました。また、『ダメです』と言っていた私が、思い込みを外すことで、『えっ、凄いことになりそう！』となっています。さらに、行き詰まったときには仲間からポジティブなアドバイスをもらって、『えっ!?』が浮かび上がってきます」

周りを見渡し、周りに興味を持つことで、「なぜ？」「どうして？」「どうすればいい？」「この問題を解決するには？」。さらに、「もっと、おいしいモノは？」「便利なモノは？」「次代を創り出すモノは？」「相手に喜んでいただくには？」と、進化すべきテーマは多く見つかります。

また、人間関係や仕事上において、嫌なことがあっても、相手を憎むのではなく、「学ばせていただいている」と感謝心を持って前向きに捉えることにより、意外性を持った素晴らしい解決方法が生まれます。

発想塾に参加して、これらのことに気づき、体験し、さらに場（塾参加者）の前向きムードが相乗効果を生み、「新」の発想を加速させます。発想塾では、今まで体験したことがないような、人生を前向きに変えることが、予想を超えて誰にでもできます。

人も、モノも、周りのものは、自分も含めて、すべて完成度一〇〇%はなく、未完成です。この未完成を、発想塾活動を通して知ることにより、誰もが人、モノや諸問題を完成（解決）に近づけるために、「考えて、考えて、考えること」で、周りのムードが身近に、柔らかくなり、肯定する仲間、考える仲間、沸き立つ仲間、好奇心を持つ仲間が増えていきます。そうなると、批判や不平、不満、愚痴を言っているような暇な時間がなくなり、前向きに「何とかできないか」「何とかしよう」「こうすれば」と考えるようになり、生きがいを生み、考える仲間（日本人）が増えていくのです。

結果、前向きで元気になった若者の中には、考えることを基本にすることで、明るい日本の未来を感じて、発想塾仕込みの**「考える凄い子供」**を育てたいという気持ちが生まれる人も多くなるでしょう。そしてそれが生きる希望となり、結婚を積極的に考え、結婚をして子供が生まれると、自分が発想塾で学んだように、子供を「凄い！　スゴイ！」と褒めて育てます。その結果、子供も親もやる気が沸き、凄い成果を生む子供（家族）となり、元気で沸き立つ楽しい一生を家族と共に送ることになるのです。

塾に参加した高齢者の方は、「何かを遺すために」と考えることが日課となり（孫の頑張る姿を見れば一層気持ちは高まります）、認知症防止となります。

また、働いている人たちならば、職場内でも常に「プラスワン」を意識することにより、考えることが定着化して好結果を招くことにつながり、すべての人が楽しく頑張り、世界が羨む夢のある日本の姿が各地で生まれます（前向きになると、脳から「やる気物質」などと言われているドーパミンが出て、さらに前向きになり、鬱病やゲーム依存症などの抑制・防止にも大きな効果があると言われています）。

発想塾を体験することにより、毎日、負担なく、周りを観て考え、まず自分が「幸せ」を実感し、感謝して、周りに元気で夢のある未来を語ることで、子供や老人なども含めてお互いが元気で夢を抱き、人口も増え、批判や愚痴が少なくなります。

このような、**元気で楽しく、前向きに考えることを基本にした日本の未来**を、発想塾活動を通じて、みんなで実現しましょう。

「発想塾活動の概略」

以下の五項目を、無理せず、日々**自分から心がける（実施する）**ことにより、驚くほど簡単に、周りの人たちとの間に想定をはるかに超えた生きる喜び（生きがい、やりがい）が生まれます。

①笑顔を発する→周りに善の波動を呼び込みます
②「ありがとう」の言葉を増やす→感謝心がラッキーを創り出します
③「スゴイね！」と褒める言葉→言葉どおりの凄い人生を、自分と周りの人が送れるようになります
④考えることを癖にする（人間の本来の姿）→若さと、楽しさ、喜びを招きます
⑤「すべてが未完成」で対応→自分、相手、周りに対する不満が消え、一歩前進します
※これら①〜⑤までを通して効果を高める簡単な方法として、毎日、鏡の前に立ち、自分で笑顔をつくり、鏡に向かって、「〇〇（自分の名前）ありがとう。家族のみんな、そして、ご先祖様ありがとう。今日も一日頑張ります（頑張りました）」と、感謝心（言葉）を発することにより、自分や家族の運気（波動）が上がります。

発想塾に参加され、個人（自分）が活動を始めると、まず家族が沸き立ち、次に自分の周りの地域、職場、企業、学校、老人などのすべてが驚くほどに沸き立ち、元気になっていきます。さらに、必要性を感じた方が、職場にも一歩踏み込んで、将来を見据えて専門性のある強い企業づくり、強いプロ集団づくりなど、独自性を発揮して、楽しく周りに広げていく、発想塾とはそういう活動です。

現代は、合理化された社会というか、コミュニティのなくなった社会となっています。本来の人の姿（喜怒哀楽を生むコミュニティ）が失われて、日常が歯車化されています。私は今、日本中の国民全体が沸き立つ社会づくりが重要と思い、発想塾に取り組むことを提案させていただいています。人間本来のコミュニティを取り戻すためにも、発想塾に取り組み、自分や社会に役立つ個性（独創性）を提案することにより、家庭から始まる人間社会全体に、大きな成果につながるモノがきっと生まれます。

これらに取り組んでみようと思ってくださった方々は、今までの常識を超えた、「えっ、こんなこと初めてだ！」を発見する入り口として、私が上梓しました本書を、ご家族や周りの人と読み解くことから始められることを、お勧めいたします。

発想塾　総塾長　中山憲士

幸せを呼ぶ　発想塾　■　目次

第三章　発想例から学ぶ…………079

プロローグ　――発想塾の目指す人間本来の生き方

日本が世界をリードする未来

発想塾は、塾案内をご覧になった方々や、塾生、塾の講演会を聴講された大半の方々から、このような声をいただきます。

「今まであまりこのようなことは考えたことがありませんでしたが、これからの時代には、人として本当に重要なことですね。もっと自主的に仲間を募って深くやりたいです」

今日、世界で活躍する企業群が大きく変わっています。従来の物づくりから、ＩＴ（情報技術）を中心としたデジタル化、ＡＩ（人工知能）化関連への変化です。

自動車業界が落ち込み始め、銀行など従来の金融業界、電力業界にも暗雲が立ち込めています。「大手」と呼ばれている大半の企業が、先が見えなくなっています。さらに新型コロナウイルスにより、在宅勤務の伸展、大集会の禁止、外食産業の変化など、相当な業種が大きく影響を受け、これらにより急成長する業種（企業）が誕生、逆に変化ができず大きく時代から取り残されて急降下する企業などが多発してきています。

さらに世界に目をやれば、中国の台頭、頭打ち状態のアメリカ、時代は世界規模で大変化しており、これからどうなるのだろう……と多くの人々が不安を持っています。

しかし、これらを不安や不満ではなく、「チャンス」と捉え、どう未来を拓くかと前向きに考えることです。世界が一つになろうとしている中から感じる不安を、夢のある未来（日本）につなげるためには、今までの固定観念に捉われずに、発想力を鍛え、活かして、個々の人が次代を読み解き、人本来の姿を蘇らせて、「新（0から1）」に向かって挑戦することです。

まずは家族や周りの人たちと共に、新時代に向けて視点を変え、「新」を生み出し実行する発想塾に参加しましょう。発想塾では、人間らしい生き方をする面白さと重要性を、みんなで共有します。生活の中で、職場の中で、政治家の人たちも、すべての人が視点を変え、先読みし、「新」を生み出し、提案することにより、社会を良くしていくことになります。さらに、塾において学んだ成果が、活動を通して、日常の中に、仕事の中に、具体的に実現する楽しさを、自分や周りの人と一緒になって体感し、沸き立つ仲間を得ることになります。

発想塾は、ＡＩ時代を迎えた今日、これからの時代が求める、世界が羨むコミュニティを持った人間発見の素晴らしい体感の場です。自分の再発見にもつながります。発想塾活動は、まさに時代を先読みして、「新」に向かっての常識破りの活動です。世界が驚くような沸き立つ日本国、強い日本国をみんなの力で創造しましょう。

人は同じものを見ても、また同じ情報の場にいても、意識に引っ掛かる人と見逃す人がいます。普段から意識しているか、いないか、それが大きな差となっているのです。意識する、それも、面白く意識することを、発想塾の学びを通して経験します。

職場や学校でも、日常生活のすべてにおいて、誰もが昨日の続き（繰り返し）をし、指示されたことをしている……大半の人が日々、同じことを繰り返しています。しかし、繰り返しでは進化しないため、面白くもない毎日となります（繰り返しは考えることをしないため、近年ＡＩの領域となり、職をなくすことにもなります）。

しかし、時代は、周りは、日々進化しています。それも予想をはるかに超えるスピードです。これからはさらにスピードが増していくでしょう。この波を知ってあなたも進化しなければ、時代から取り残され、虚無感、失望感しか残らなくなります。

発想塾は、その進化の先を行き、自分のものとして、喜びを創り出します。

途中には茨の道がありますが、そこを、時には仲間と共に、楽しみながら乗り越えた者だけがつかむ喜び……それはとてつもなく大きいもの（人・モノ・金・生きがい）になります。茨の道の途中では、「こんなに頑張ってるのに……」と不満が出ることもありますが、基本は「楽しい！　楽しい！」と、すごい喜びがあります。それらを体験しながら、時代が速くなった今、予想をはるかに超える成果（予想の何倍もの大きな喜びを伴った成果）を手にすることができます。

発想塾の基本は「人」です。人は自分から「新」を生み出しているときは、ドーパミンも多く出ており、疲れもなく、すごく生きがいを感じるものです。そのときに周りの応援があれば、さらに生きがいは大きくなります。

ただし、注意していただきたいのは、「成果を出さなければ。何かの『新』を見つけなければ」と自分を追い込んではいけないということです。義務的に捉えると、つらい人生となってしまうため、常に主体的に自由に考え、楽しく人生を送る中に、「面白いと思えるモノ」を見つける意識を高めていくのです。そして、「もっと便利に」「もっと速く」「もっと軽く」「もっとみんなのために、こんなモノがあれば」「喜んでいただくには」など、未来へ向かって「新」への情熱源を見つけることで、ワクワク感が生まれ、それを育むことで情熱を維持することができます。

発想塾は、その人なりの輝き（長所、好きなこと）を見つけて、素晴らしい生き方を発見する塾です。

オーストリアの精神科医ヴィクトール・フランクルさんは、一九六九年に来日した折の記念講演で、「人は直接、幸福を求めてもそれは不可能。大事なことは、『生きるに値する価値』を、自分で生涯かけて探すことだ。そうすれば幸せは向こうからやってくる」と述べています。発想塾もまさに、生きるに値する価値を前向きに探すため（発想塾の中に見つけること）の塾なのです。

文部科学省の、現在行われている戦後からの教育方針、「覚える教育／暗記すること（答がある教育）」を変えるのは難しいことですが、過去に敷かれたこのレール（教育基本法）に則って行う今の教育法を、AI時代を迎えた今日、大きな視点で見直すときだと私は考えています。それぞれが「考えること」に興味を持ち、考えて、考えて、疑問が湧き、質問を発し、さらに、考えて、考えて沸き立つ（発奮する）教育が必要です。

家庭内での子供教育にも、従来の覚える教育を含め、新たに、興味を抱き**「考える教育」**の重要性、必要性を知っていただき、まず親が変わり、親の力（家庭内）で教育を変えることが必要です。そのためには、まず親が発想塾で学び、考えることの重要性を認識し、現代にマッチした教育に合わせて、教育中に子供にヒントを与える（答をいきなり与えると、子供は考えることをしないため、**入り口のヒントのみ**にする）ことです。それにより、子供が何かに興味を持ち、問題解決に向けて、**「覚える従来教育から、自主的に考え抜いて自分の答を導く。また、途中で疑問が湧けば質問を発するという、人間本来の学**

び へ」と変化し、習慣化することになります（※発想塾活動は、難しくなく、たった一回の参加でも充分に行えます）。

今日、大変化しているＡＩ時代の中、未来のある子供たちが、ＡＩでは答が得られないことを考えることで、生きがいや喜びを得る結果になるのです。子供たちは「新」に挑戦して、考えることを習慣化することにより、発奮し、才能を伸ばしていきます。

これには、親が時代変化を認識し、考える方向への指導をすることが重要になってきます。学校での学び以外に、新しい自分の視点で見て、考える。即ち、独創力です。子供にできないことがあっても、叱ることは絶対に禁止です。叱ることより、考えて、考えて、途中でくだらない質問などがあっても、子供が「やれたこと」を「凄いね！」「頑張ったね！」と褒めることで、さらに頑張る子供になります。褒めることが重要です。

ハイテク企業のメッカであるアメリカのシリコンバレーには、アメリカの有名大学（スタンフォード大学やハーバード大学など）から、人工知能の研究者が多く集まって研究開発を進めています。寂しいことですが、日本にはこのスタイルがありません（日本の有名企業数社は、開発力のあるシリコンバレーに「新」を求めての拠点を設けていますが）。この違いは、挑戦できる環境の有無の違いです。

日本では、企業内での失敗は許されません。アメリカでも、もちろん失敗は避けるべきという前提はありますが、「新」を生むためには途中に起きる失敗を責めず、高額の報酬を出してでも、優秀な人材を世界中から集め、成功に導いています。日本も未来の「新」を生むためには見習いたい重要項目です。

周りが認めるような素晴らしい成果を挙げるまでには、幾多の失敗を繰り返して涙することもあります。しかし、決して諦めずに厳しい中でも本気で打ち込んでいる姿を、周りの人たちは見て、「凄い人だ！」と認めます。結果は大切ですが、途中の本気の頑張りや努力を、周りの関係者は見ているのです。そして本人も、周りからの大きな期待を感じて頑張れるのです。

頭の良い人は多くいますが、ヒントを基に人（特に子供）が心の底から興味を持ち、発奮させる力を呼び起こすのが発想塾です。まさに、感奮興起《かんぷんこうき》を塾において体験することができます。家庭や学校が、子供が何かに疑問を持ったときに、「どうして？　なんで？　これ教えて」などと質問してくるような環境であれば、凄い子供に育ちます。子供に限らず誰でも、興味が湧けば自分で楽しく積極的に何事も粘り強く考えるものです。途中で失敗を経験しながらも、周りの人たちと前向きに力強く支え合って、いつしか素晴らしい成果を生み、みんなで充実感を得ることを、発想塾では体験します。

世界はスマホ・ネット社会となり、人々はそれらで調べれば答がすぐに得られるようになったため、創造力（考えること）を失っています。故に今日、答のないモノ「新」を、もっと考える（創造する）ことが重要となっています。

発想、つまり「新を生むこと」は、未知の世界・未経験から出現してくるものです。その重要な部分はカン「観・考・感・勘」です。深く「観て」、深く「考え」、工夫をする「感・勘」を持つこと。これが、これからの日本には特に重要なことであります。

これらの必要性はわかっていただけると思いますが「では、どうやって？」という疑問をお持ちでしょう。それを、本書及び発想塾の中で実践し、学んでいくのです。その結果、子供が、家族が、学校が、職場が、地域が、高齢者が沸き立ち、いつの日にか、世界の中で自由な発想力を持った日本人たちが、「人間力で」「経済力で」「発想力で」「先端技術で」世界をリードしていくこととなるでしょう。アメリカのＧＡＦＡ（グーグル、アップル、フェイスブック、アマゾン）すら超える自由さのある日本国が、二十一世紀末には出来上がることを願っています。

脳が成長する（若返る）とき

幼児期の脳は、まだ体験がないのですから白紙状態です。恥ずかしがらずに好奇心を持ち、挑戦心も旺盛で、脳はこの時期に一番成長していきます。幼児期には大人が何も教えなくても、まずは歩くこと、そして食べることを自分から覚え、やがていろいろな経験から善悪の判断も覚えていきます。

年齢を重ねていっても、この幼児期のような気持ちを持った自分であり続けることです。周りを気にせず、「頑張る私」を目指すことで、体（脳）は常に若く元気であり、楽しい人生を歩み続けることができます。途中には楽しい成果も生まれます（発想力を高め、進化することは、すべての人のＤＮＡの中に埋め込まれています。未開・未経験なことに挑戦するということは、人としての本能です。それを呼び起こすことが、人生の充実感を生みます）。

常に「今が一番若い！　今やるぞ！」とワクワク感を持って考え続け、今やるべきことを先に延ばさず、今も今日も進化し続け、明日には明日の進化した次のテーマに挑んでいる、そんな自分の姿を描いてみてください。幼児も子供も、そうして積極的に楽しく考え行動します。

子供の積極性、思考範囲は大人（親）より大きく、大人の経験の範囲、思考範囲の枠で考えると子供の大きなスケールを縮小させます。子供を天の声（無限の可能性を持った子）としてスケールの大きな子供に育ててください。

「私はもう年だから……」と考えるようになると、体全体が（脳の思考力は特に）衰えます。一方、「私は若いときと同じだ、若者と話をすると楽しい」と思っての思考・会話は、ドーパミンを多く出し、脳も体全体も若返っていくことになります。

発想塾には、こんなふうに楽しく人生を送るための基本があります。発想塾活動を通して、私の提唱する**「有色の人生」**（第三章参照）を見つけ、歩みましょう。

SDGsはあなたの生きがいも生む

二〇一五年の国連サミットにおいて「SDGs（エス・ディィ・ジーズ：持続可能な開発目標）をもって考えること」が採択されました。二〇三〇年までの達成を目指しての行動目標などが発表され、十七項目の具体的な目標が記載されています（詳しくは外務省HP内などを参照してください）。

これらに取り組むのは国や行政、または企業である、と考えてしまいがちですが、これからの世界を見たときに、「自分としてできることは何か（社会貢献力）」と考える良いきっかけになるのではないでしょうか。SDGsは即ち、個人個人の生きがいを生むことにもつながってくるのです。

自分の得意（好きな）分野を知るのが始まり

人は何かに貢献するために生まれてきています。それにはまず、自分の得意分野を知ることです。「私は〇〇はできないけれど、△△は好きだ（得意だ）」というふうに、自分の得意（長所・生きがいとなるもの・好きなこと）を見つけると、積極的に生きる（社会貢献をする）ことができるようになります。発想塾では、仲間と共に取り組むことにより、さらに面白さを知り、積極性を養います。

日々の生活の中で、集中して周りを観ることにより「新（未来）」が観えてくる（感じる）ことがあります。凝視して観ると、通常では見えないものが観えて、当たり前を超えて時代の進化の波に乗り、いつしか自分が進化を生む側に立っています。

発想塾で、人生を掘り起こすことを精力的に楽しく行っていると、いつの間にか面白い人生を歩んでいる自分の姿（人間本来の持つ姿）が蘇ります。周りの人たちと共にやれば、さらに沸き立ち、大きな成果をビックリするほど創造していきます。

第一章　覚える時代から考える時代へ

ＡＩ時代だからこそ、楽しく生きる

ＡＩ（人工知能）の進化によって、自分（人間）の仕事が奪われ、将来がないと悲観的に捉える人がいます。

ＡＩ化は、人が過去に実施してきた仕事領域をシステム化してロボットが処理することであり、人間をはるかに超えた短時間で成果を出します。現在、人間が行っている単純な仕事（繰り返し作業）は、今後ＡＩが取って代わることは間違いありません。

運転手、荷役作業、工場作業、建設現場。農業は集約・大規模化となりますし、事務や銀行業務、清掃作業なども、ほぼすべてをＡＩが代わることになるでしょう。また、医者も、会計士も、弁護士も……大半の業種が人からＡＩへと代わります。そして「営業」と称していた営業訪問が、大半の業種からなくなります。残ったとしても、訪問ではなくテレワークで処理するようになります。人からＡＩへの交代は、まだまだ限りなくあります。システム化できる仕事のすべては、ＡＩ（人工知能／ロボットなど）に取って代わられることになります。

さらに、職種によってはなくなるものも多くあります。在宅勤務、在宅勉強が増えることにより、通勤通学のラッシュアワーがなくなり、公共交通機関の利用者は現在の約半分になると言われています。さらに、移動手段として「空飛ぶドローンカー」が登場すれば、電車やバスは必要がなくなります。車関係の仕事も激減し、タクシーも激減し、道路の利用率は約三分の一となり、公共工事の道路関係も激減します（公共工事の量については、今後の異常気象増により風水害が激増し、防災対策となるダムや河川工事、雨水排水工事は増えてきます）。建設業界でもＡＩ化が進み、ＡＩ企業の技術を導入した新部署が求められています。

エネルギー関係でいえば、風・水・熱・光などの自然エネルギーが増えて、個人では従来の電力会社からの電気購入はなくなり、電力関係に大きな変化が起きます。

銀行は通帳が廃止となり、銀行業務の大半がなくなり、銀行業の法律改正などにより、方向を変えての新業務（新規事業）となります。

このように、ＡＩ化の状況が想定される中、多くの企業が将来を見通してロボット開発を行っています。センサー付きの掃除ロボット、先生に代わって子供に教えるロボット、不審者を見回るロボットなどが台頭してきています。

今日すでに、人がする仕事とＡＩがする仕事の境が大きく変化してきていますが、今後ＡＩが処理するようになる仕事は、総じて現在の仕事総量の三分の二だと言われています。

しかし、この状況を悲観的に捉えるよりも、ＡＩ化のおかげで無駄がなくなって、人にとっては人間本来の「考えながらする仕事」が主流となり、良い環境に近づいて喜ばしいと、前向きに捉えるべきです。

発想塾では、この前向きで喜ばしい流れを楽しく体験し、自分のものにしていただきます（ＡＩの出現・進化がなければ、発想塾は必要となっていないでしょう。ＡＩが生まれた今だからこそ、発想塾によって人間本来の楽しい生き方ができる時代になってきたと思っています）。

仕事・生き方を個で楽しむ時代へ

いつしか、終身雇用とか、年功序列などの仕事観もなくなっていきます。仕事では個人の能力が問われるようになり、一律昇給もなくなっていきます。闘う場所は世界です。大変革する中で、世界に向けての戦略が求められてきています。世界に向けた特許戦略も必要でしょう。個人が特許を所有することも必要でしょう。

今日は、瞬間、瞬間をどう生きるかが問われる時代となっています。これからは、システム化が不可能な、「人がする仕事」を見つけることです。そしてそれは、これまで人間が経験したことがない、新分野の面白さを伴った仕事です。

　これからの時代は、仕事や生き方を個で楽しむ時代へ突入していきます。情報、移動が速くなり、世界がグローバル化し、一つになった状態、即ち国境がなくなり、業種の境がなくなる時代です。その中で自分の人生の中に自分で面白さ、生きがいを見つけ、自分らしさを築き、どう遺せるかです。

　文化も、歴史も、人も、世界的視点で捉える時代です。この時代を悲観的（マイナス）に捉えるよりも、「面白い時代の到来だ！」と前向き（プラス）に捉えると、明るいものが見えてきます。

　人には誰でも悩みや苦しみがあります。しかしそれだけにフォーカスしていると、人生はつらいだけになってしまいます。「毎日が苦しい」ことになります。けれど、歩ける、食べられる、話せるなど、普通に生活できることにまず感謝することから始めれば、楽しい人生となります。そうして前向きに生きていると、自然に幸運が寄ってくるということを、まず体験することです。運がひらける人生を歩むか、閉ざされた人生を歩むかは、つまり日々のマインドの中にあるのです。

　常に現状に不満を言う人、指示待ち族には、ひらかれた未来はなかなか描けません（悪い波動を常に自分が発しているためです）。不満の多い人は、特に高齢になればなるほど（ＡＩに自領域を奪われた人は特に）、周りから見ても魅力を失った人間と化します。

これからの人間の生き方には、年齢に関係なく、主体性を持ち自分で道を切り拓いていくことが必要となります。常に心の若さを保つこと、つまり若者と同じように生きるということです。いくら高齢者になろうとも、「これから」は「これから（未経験の未来）」なのです。壁を作らずにワクワク感を持って、楽しく若者風に生きることです。常に良い波動を自分から発して、ラッキーを招く人間になりましょう。

企業には企業使命があります。すべての企業が、必ずしも個人の仕事観を満足させるものには至っていません。これからは自分で、心・技・体を充実させ、未来を考え、物心共に満足感を得られる生き方が、人生最高の歩みとなるのです。

分子生物学者で筑波大学名誉教授の村上和雄さんも、月刊誌「致知」（二〇二〇年八月号　致知出版社）の中で、以下のようなことを述べておられます。

- 幸せをつかむためには、日常生活をはつらつと前向きに生きること。「イキイキ、ワクワク」する生き方こそが、人生を成功に導いたり、幸せを感じたりするのに必要だ。
- 前向き感を持つことにより、体の遺伝子がＯＮになる。その秘訣は何かというと、物事を良い方へと考える、つまりプラス発想をするということが、人の遺伝子には非常に大切になってくる。
- ただ、出来事（現実）はプラスばかりではない。つらい局面に立たされたときに、どれだけプラス転換した発想ができるかが重要だ。

- 「そんなの無理だ」と合理的に考えるのが現代人の欠陥。新型コロナウイルス禍で世界中が困難な状況下だからこそ、プラス発想が必要で、変革する良い機会と捉え、新発想を積極的に発信すべき。
- コロナ禍の中で欲望を満足させるより、「精神的な満足」を得られる商品やサービスを開発すること。さらに、自然と調和する経済活動も大切だ。

人間らしい楽しい未来のために

これらの話を踏まえ、私が今回、皆様にご提案するのは、ＡＩ時代を迎えた今日、発想力を高め、人生の満足度を高めて、社会貢献度を上げ、常に最高の人生を歩んでいただくためのものです。

発想（新）を生むことは、人間に与えられた自由を基本にした前向き思考（ＤＮＡ）です。義務ではなく「こうすれば」と、周りを観て「ちょっと考えること」から始まります。年齢や立場は関係ありません。日々意識することから始まります。

自然界を見渡し、空を流れる雲、大樹、河川、崖などを観て学び、子供から、成功者から、失敗から、どんな古いことでも、どんな小さなことでも、周りを見渡せば、学ばせて

いただける地球の歴史がそこにあります。生活の中にも、先人の知恵を絞った姿がありま
す。謙虚に学ぼうとする気持ちがあれば、どんどん「新」への気づきが生まれてきます。
例えば、お母さんが台所でブツブツ言いながら食後の後片付け、皿洗いをしている。そ
れを観た子供が、「よーし、洗わないでも済む食器を考えるぞ！」と思い沸き立つ姿があ
る――謙虚に学び、考えるということは、自分の家庭が、生活している地域が、職場が、
学校が、自分の今いるこの場所が、常に沸き立ち、そこから自分の存在感を存分に発揮し、
瞬間、瞬間を満足しながら、ＡＩに侵されることもなく、日々、人間本来の自領域を持っ
た、楽しく充実した生活、人生を送るということにつながるのです。これは最高の人生と
なります。

本書での「発想」とは、創造、アイデア、発明、発見、開発、工夫、知恵、改善、閃き、
提案、さらに相手をどう喜ばせるかなど、自分の喜び、周りの喜びにつながる「新」を考
える力《パワー》です。

ＡＩが登場し、大きく進化している今日、職場においては、人が未知領域への進化をせ
ず、従来の仕事を繰り返すだけでは、あなたの職はなくなるかもしれません。多くの方々
に、この社会変化をご理解いただき、発想塾に参加されたあとは、将来を見据え夢に向
かって取り組むために、自塾や周りの方々と共同塾を即時設立して、人間らしい「考える

自分（0から1を生む「新」）」を目指し、家庭、学校、地域、職場において、前向きな生き方に取り組むことをお勧めします。これにより、人間らしい楽しい未来がひらけてきます。

本来はすべての人間の根底にある「知りたい、やりたい」という子供のような好奇心を持ち続け、目を輝かせて元気に取り組めば、知恵も湧き、途中で茨の道があってもプラス思考を呼び込み、乗り越えることができます。オリジナルな夢を持って、考えることを主体に、楽しく生きることです。

世の中は常に進化しています。人も、物も、業界も、仕事も。この進化を嫌う人（昨日の続きをする人）や、変化（進化）をしない生き方からは、人としての面白さは生まれません。常に「やらされている（作業）」と捉えています。このような人は、「私には変化（進化）は難しい」とか、「向いていない」など、否定的に捉える癖があります。

決して難しく考えないことです。「今日の料理、少し工夫して、新味に挑戦してみようかな」。こんなことも、あなたのオリジナルな考えを呼びます。また、農家の方が「周りにないような美味しい野菜を作ってみるぞ」と考える、これも「新」への挑戦です。このような身近で単純なことから始まるのです。

日常の自分を常にチョット見直し、厳しさの中に明かりを見つけ、それが喜びに変わったり、また、「○○に△▽を併せると□▼が生まれた、面白い！」とか、「ゆで卵のカラを簡単にむく方法を考えたよ！」など、さまざまな体験をしてみませんか？　学校では教えてくれない、答（正解）のないモノ、「新」を楽しく考えるのです。

発想塾はそんなきっかけ（入り口）を作ってくれます。まずは、あなたが発想塾に参加され、自塾をひらき、行動するあなたになってみてください。主体的に動くことが、楽しい人生を築くことにつながります。

第二章　発想力を高める心の持ち方

世界を、日本を観て考えることが未来を拓く

発想力を高めることは、人間力を高め、自分の進路（未来）を見つけ、あなたを輝かせることにつながります。しかし、人は自分のことをまず考えがちですが、世界を観て、日本を観て、その中に自分の姿が描けていなければ、成功にはつながりません。世界、日本、周りの繁栄なくして、自分の繁栄はないのです。自己の利益だけ、自分さえ良くなれば、と考える人は、必ず壁にぶつかり、潰されます。

コロナ禍だけではありませんが、このような厳しいときだからこそ、積極的に世界を観て、時代を読み解き、自分の立ち位置（社会貢献）を前向きに「考えて、考えて、考えて行動する」ことが、自分や家族の喜びにつながるのです。

世界で、日本で、人類が今まで経験したことがないような、大きな変化が始まろうとしています。

常に考える姿勢がスパークを呼ぶ

お笑い芸人はちょっとしたことにも「ツッコミ」を入れ、みんなの笑いを誘います。こ

れと同じように発想力を高めるためには、日常の中で見逃している「当たり前」に、ちょっと意地悪してみることです。「これでいいの？」「もっと○○じゃない？」「○○すれば？」などです。そして、これらを瞬時に捉え、その場でメモや写真をとっておくことから始まります。

また、常に「発想（考えること）」の意識を持ちながら、新聞やテレビのニュースを見たり、仕事に集中したりすることも、発想力を高めるには大切です。そして、運転中、散歩中、電車に乗っているとき、カフェでお茶を飲んでいるとき、風呂に浸かっているとき、トイレの中、寝床の中など、「自分の時間を過ごしているとき」や「ホッとした気持ちになったとき」「心に余裕があるとき」にいろいろなことを考えていると、ピカッと閃きが生まれます。

また、友人と積極的に会話をしている最中に、「アッ、これだ！」とスパークすることもあります。特に発想塾仲間との前向きな会話では、大きな成果を得ることがあります。

さらに、日常見逃している当たり前の自然界現象を見て考えます。ふと窓の外を見て、人通りを見て、空を見て、雲や太陽を見上げて、雨が降るのを見て、飛行機を見て、凧揚げを見て、アドバルーンを見て、紙飛行機を見ていて、スパークすることもあります。

これらは、常に「なぜ？」と考えることから始まっています。

アメリカから始まっている先端技術軍団、GAFA（グーグル、アップル、フェイスブック、アマゾン）も、今は大企業ですが、どの企業も最初は「次代に必要となるモノは何か？」と考えた個人の発想から始まっています。アメリカで生まれた車のフォードも、過去に日本で生まれた松下電器（現・パナソニック）も、ソニーも、ホンダも、トヨタも、京セラもみんな、個人の発想がスパークしたことから始まっています。

日々、目にする自分の周りの単純な生活環境を見渡し、「当たり前」と捉えずに、「手段か」「目的か」を見極め、「これは果たして目的を果たしているのか」と、目指すモノ（目的）をはっきりさせることです。また、「どうすれば？」「なぜ？」とツッコミから始まるものもありますし、現状否定（破壊）的なイノベーションを持って考えることから生まれるものもありますし、台所や寝室などを見て、不便の不を取り除くと、良いものが生まれることもあります。

前述の、GAFAが生まれたときのように、「これからの時代に必要なものは何か？」と、周囲（生活や仕事）を見渡し、十年先、二十年先、三十年先の未来で考えてみることです。

専門的になってくると、人の心が読める（現れる）スクリーンを創れないかとか、音速、光速というが、もっと速いものがあるのでは？　などと考えることも必要です。

過去の発明・発見を見ても、物が落ちる姿を見て重力を発見した人、地球は動いていると言って地動説を説いた人、変な絵を描く有名な画家（名前はあえて言いません）などがいますし、机も、滑り台も、縄跳びも、傘も、メガネも、輪ゴムも、紙も、ボールも、積み木も、パズルも、絵も、俳句も、スポーツも、変わった芸術も、あなたの身の回りにあるものすべてが、誰かが考えたものです。そんなふうに、あなたもチャレンジしてみては？

人も、モノも、地球上のものはすべて、時代と共に進化するようになっているのです。進化して「光」を得るのです。進化しないものは、地球上で生き続けられないのです。

どんなに大きな企業であっても、個人であっても、変化（進化）できなければ倒産、廃業となります。成功している企業は、「日々、変化ができる企業」なのです。個人も同じです。昨日の続きを繰り返す「進化しない、実績を挙げられない自分」は、いつの間にかライバルに差をつけられています。職場に残れなくなる日が来るかもしれません。ＡＩ化となった近年は、企業にも、個人にも、その傾向が強く顕著に現れてきています。

まず好奇心（興味・意識）を持つ

まず、日々意識することから始まります。生活の中で、仕事の中で、遊びの中で、周りを意識して見渡せば、さまざまな問題点が見つかったり、「もっとこうすれば……」という改善点を発見したり、自然界を観て「なぜこうなっているのだろう?」と思ったりすることがたくさんあります。これらを楽しく考えていくことです。

これらは、人類の歴史を学び、地球の歴史を学び、宇宙の歴史を学ぶことから、次なるモノを予測して**考えます**。さらに、日常の不便、不自由からも学べますから、これらの未完成は**考える宝**ともなります。

「自然界の当たり前から学ぼう」「自然界には宝がいっぱい」「こんなモノがあれば……」「こうすれば……」と深く考えれば、必ず何かを思いつくものです。

「自分力」を持つ

今、グローバル化が進み、人の意識の中から国境がなくなろうとしています。地球が一つになる↓言語も一つになる↓次に来るものは何でしょう?

人は、一人対一人から始まり、身内と他人、国と国、仲良しだったり、敵対関係だったりは常です。人と人の戦いは、初めは口喧嘩、そして素手で喧嘩、次に物を持ち、武器を持ち、やがて化学兵器で戦うようになります。仲良しと仲悪しは避けられないものです。

そして、力のある者が天を制するという大きな原理原則があるのです。

しかし、それに対して不平不満を言うより、楽しく生きる仲間を持つ（作る）ことです。そのためには、自分に何ができるのか、仲間に対して何を提供できるのかを考えなければなりません（一方通行ではなく）。

それは「力」です。力にもいろいろあります。腕力、武力、知恵力、愛情力、人間力、金力、時間力……あなたの「自分力」は何ですか？　何の力を持っていて、何の力を仲間に提供できますか？　あなたが人より優れているモノは何ですか？　生きがいは何ですか？――これらが、あなたの生き方、目標を決めます。

発想塾は、こんな「自分力」を付け、未知を考えることの中に、**自分の未来力を見つけ、楽しさを呼び込む塾**です。

メモを取る癖をつけよう

人は何か思い浮かんでも、その記憶はすぐに消えます。記憶は曖昧です。だから、記録が大事。写真に撮っておいたり、メモを取っておいたりしましょう。

人と会ったとき、何か疑問に思ったこと、思いついたこと、ちょっとした景色・風景の中にも、今は必要でなくても、数年後に活きるものがあるのです。過去の写真やメモの中には、時を経て、改めて今、目にすることで活かせる「えっ!?」が生まれることがあります。あなたの日常には、人生のチャンスとなるものが多くあるのです。だから今、メモを取るのです。

集中力を最高に高めることから、生まれるものが多くあります。一人より二人、三人、四人と、複数の人と対話（議論）することにより、第三の凄い閃きが生まれることがあります。仕事の中に、生き方の中に、ワクワク感を持つ。上手くいったことに対して、さらに「なぜ?」を繰り返すことで、元気（幸運）を加速させる。これは、上手くいかなかったことよりも大事です。

これらのことを書き出し、分類して（仕事、生活、遊びなど）、ファイルしておきます。毎日意識して生活し、それをメモすることで、身の回りには、あれもこれもと多くのテーマ（アイデア）が浮かび、解決策も生まれます。意識することで生まれる記録は、毎日五個、十個……何十個もあるかもしれません。大事なのは、毎日意識を持つことです。

プロは毎日二十四時間、仕事を意識して周りに興味を持ち、それを活かそうと考えています。特に創業された方に、メモ用紙を常に携帯している方が多くいます。そのメモ用紙も、チラシやカレンダー、不要になった書類などを裁断した裏紙を使い、節約している前向きな姿があります。まさに創業者の気持ちが伝わってきます。

売れている芸術家や、芸人、芸能人を見ていると、そのアンテナの凄さを感じることがあります。芸術家も日々、テーマ探しをしています。これを「義務」と捉えるとプレッシャーがかかって苦痛となり、良いものは出てきません。好奇心（興味）を持って楽しく過ごしている日々の中から、凄いモノが沸いて来るのです。

悲観的な思考をする人は、周りの状況（現象や言葉）を見てもすべてを「当たり前」と考えて、疑問を持ちません。先を見ない（未来の改善を考えない）ために、不満・否定的な発言、思考をするのです。一方、積極的に考える人は、現状を見て、「もっとこうすればいいのでは？」と、楽観的に自分から発する前向き思考です。

日常の中に「楽しい！　嬉しい！　凄い！」がないと疲れるだけで、人生を楽しむことにはなりません。未完成を一歩でも「新」に向け、完成に近づけることは、学校教育では教えていない独自の学び、即ち発想塾の基本です。

身近なモノを身近な人と一緒に考える

当たり前な毎日の生活の中では、ついつい見逃してしまいがちですが、周りをよく見渡し、何かを見つけたことに喜ぶだけでなく、触ってみると、モノや情報の生命を感じることができます。そして、さらなる深層を知り、楽しく掘り下げることにより、もっと改良できることが考えられるモノが発見できます。さらに、「こんなモノ（新・改善、改良）があれば……」と「新」が浮かび上がってきます。それは、一人より二人、三人、家族などの仲間と一緒に考えることにより、前向きな相乗効果を生みます。

人の生き方　――感謝心を持ち、周りに尽くすこと

- 周りが応援したくなる、純な人間力を持つ。
- 世のため人のために尽くすには、何があればいいかと考えるなど、奉仕の心を大切に。
- 「敵・味方」「損・得」ではない。上手くいったときにはもちろん、上手くいかないことも、「学ばせていただいている」と感謝心を持つ。
- 発想が「豊か」とか、「凄い」人は、前向き思考を持ち、感謝することを基本に生き、ありがたい人生をいただいている。本人も凄いのだが、周りも「この人なら」と思っていて、周りから期待と使命をいただいている。「感謝心」は学校の成績とは関係ない。

・「正しいことをしている」と信念を持つことで、周りが助けてくれる。
・人は誰もが他人の力を借りて生きている。世の中で成果を遺している人は、みんな周りの人の力をいただいている。「ありがとうございます」の気持ち。
・「生きるための欲を持つ」こと。これは、物欲を超えて、社会への貢献（恩返し）をする純粋な心。
・自分を信じて生きる。前向きに生きる。感謝の心を忘れない。愚痴を言わない。明るく謙虚であること。
・「申し訳ないけれど、私、幸せなんです」。この気持ちを周りに返すことが、言葉どおりに周りに幸せを呼び込む。
・特に大切にしたい幸せの五要素
①否定しないで肯定する
②周りの人・モノに感謝
③日々の人間関係
④思ったことは即時実行
⑤日々の中に「やった！」と達成感を得る
・小学校、中学校、高校、大学時代など、学生時代から続く友人を持つことで、健康と

幸せが増す。

・挑戦する気概を持とう。ガッツがない人間に、繁栄はない。

・年老いても好奇心を持ち、発想を高める訓練を（老いを防ぐ）。例えば生活の中で、食品用のラップフィルムのケースが切りやすく改善されていたことに気づいたら、「これも誰かが考えたんだ。俺も何か考えるぞ！」と思う。

・モチベーションのアップ。「わからない。できない。向いていない」は禁句。

・ちょっとしたことにも「ありがとう」の気持ちを持つ（表す）こと。きれいな花に、美しい絵に、笑顔の挨拶をいただいたときに、感謝の心を表すと幸せホルモン「オキシトシン」が分泌され、周りを含め幸せな気分になります。

・本当の「優しい人」というのは、見せかけの優しさではなく、愛を持った優しさ。相手（周り）の良いところを褒めると、周りの人はその人を逆に褒めるようになる。人を褒めずには、自分も褒めてはもらえない。まして、人をけなしている人はなおさら。人間は、遠くの人類を愛することは簡単だが、近くの隣人を愛することは難しい。

・無心になって子供と一緒にかくれんぼを楽しめる大人になろう。人（子供）を大切にする心。子供は本能で人を選ぶ。愛は無償のもの。子供に自分の期待を押しつけず、ただ「幸せになって」と願う。子供に自分の人生を助けてもらいたいなどと、頼ってはいけない。子供には子供の人生がある。親（大人）は子供に、自分で生き方を見つけて歩める人間になれるような指導をするだけ。

・感謝の三元（発想塾の開始時に唱和する感謝の言葉）を紙に書き出し、日々唱和しよう。

感謝の三元

①六十兆（三十七兆）の細胞に感謝

（人間の体の細胞の数は三十七兆個だが、昔から六十兆個と言われてきた経緯がある）

②自然界の恵みに感謝

（自然界の、大地、太陽、そして水、緑、空気、木々など）

③人間界の三つの愛に感謝

（一つ目は、今の自分が存在する先祖からの愛。二つ目は、夫婦を中心とした家族の愛。三つ目は、自分の周りの人々からいただいているすべての愛）

美しい生き方とは

〈周囲からの信頼度が高い人〉
・生きてきた中にウソがない
・何か頼むと想定以上に応えてくれる
・態度が良い（上から目線で見ない。謙虚さが凄い）
・笑顔が良い（面白いモノを見て笑う笑顔とは別）。心の底から湧いてくる笑顔
・奉仕の精神が高い
・感謝の言葉「ありがとう」を常に発している。良いとき（話）はもちろんだが、悪いとき（話）でも、不平不満を発しない。「学ばせていただいている」と常に感謝する
・ライバルはいるが敵はいない
・先祖を敬い、家族を思いやる気持ちが高い

〈財をなす人〉
・時代を先読みする（考えることを基本にしている）
・人を大切にする。人脈が凄い。敵を作らない

・高い信頼がある。実績を持っている
・この世のすべてが未完であることを知っていて、不満を発しない
・自分のためより、周りや後世の人のために頑張る
・思考力、行動力が凄い

〈楽しい人生を歩める人〉
・小（中・高）時代からの、今も付き合っている友人がいる
・周りから「凄い！」と、たくさん言われる人
・主体性を持って生きる
・常に前向きで、その中に、楽しい、面白い、嬉しい、ラッキーがある人
・健康に注意し、家族や周りに迷惑をかけないことを心がけている

人間力を鍛え育てるには、生き方が大切だと気づき、充実した人生を送ることを目標にして頑張ることです。若くても、年齢を重ねても、今気づいたのなら、今から頑張ることです。発想塾には、頑張れる基があります。

信頼を得た自分の姿を、ぜひ後世に遺しましょう。あなたの生きてきた姿をです。今か

らなんて無理とか、私には無理などと言わずに、少しでも努力して、美しい姿を、特に家族に遺すのです。あなたのご先祖様も、きっと同様な思いで頑張ってきたのですから。

企業や自治体も発想塾仕込みの「楽な気持ちで」取り組む

今、マンネリ化している毎日の仕事をチョット考えてみましょう。自分の満足、お客様の満足、そして、今という時代を専門家（プロ）としての視点で観てみると、社会貢献につながる発想テーマは多くあるのではないでしょうか。

これからの仕事は、ＡＩと人の職域を見極め、両者の長所を活かして進めることです。ＡＩ領域を取り入れながら、次代企業（機関）を目指す。人がやっていたことをＡＩ化することで、生産性が上がり、人の削減につながります（考えながらする仕事が、人の本来の仕事です）。今日から先を観て、周りを観て、人としての仕事を、考えて、考えて、未来に向かって「新」を取り入れ、成果を出すことです。

今日、自治体は人口問題や教育問題を抱えています。自治体も、発想塾的に未来を活性化するための「新」を考え、提案して、他にはない新鮮な地域・領域の実現を目指してみることです。

企業においては、常に業界や世界との勝負を迫られています。企業のトップをはじめ、企業内全員（そう、みんな）で、「これに勝つためにはどうするか」と、沸き上がる雰囲気を持ち、「新」を考えることで、発想塾仕込みの「凄い！」が生まれます。また、生み出さなければ、時代進化の中で勝ち残ることが難しくなります。

一般的に、企業内での指示系統の大半はトップダウンですが、発想塾での取り組みは、それにこだわっていません。例えばある企業の社員が、「発想塾は、わが社にとって必要だ、重要だ」と感じたとき、立場に関係なく進言（提案）して、取り組みを始める組織であることが重要です。これが、社員がやる気を生む基となり、将来性のある企業づくりの基本が出来上がります。

独自戦略、独自政策、沸き立つ企業、沸き立つ住民……普通に考えると難しく思えるかもしれませんが、発想塾仕込みによって肩肘張らずに楽にして考え、実行すること（トップダウンではなく、みんなでテーマに向かって楽な気持ちで考えること）により、その自由さでみんなが沸き立ち、仲良し度も上がり、視点も広がり、ある日、通常では考えられない、コミュニティ向上からくる「凄い！」が生まれ、柔らか頭を持った理想の企業や自治体となり、楽しく働きがいのある、**考えることをベースにした自分であり、軍団となります。**

思考を繰り返し、社会貢献力を高める

人は生きる中で日々、多くの事象を体験します。体験したものを、そのまま右から左へ伝えるだけではなく、自分の中で思考を繰り返し、加工・進化させて、自分のオリジナルの「新」にして送り出すことにより、人としての社会貢献力が生まれることになります。そのためには、枠を作らず、人それぞれの個性（面白い考え方）を大切にすることです。

「ありがとう」が幸せを生む

小林正観さん（心学研究家）は、「ありがとう」を一万回言うと幸せになり、五万回で奇跡が起きると言っています（五万回言うのにかかる時間は約十四時間。つまり、ほぼ一日中「ありがとう」と言い続けるくらいの回数です）。

私も同様なことを皆さんにお伝えしています。毎日、自分の年齢と同数の「ありがとう」を、心を込めて笑顔で発することが大切です（一日の合計回数です）。約一秒間で一回、「ありがとうございます」と言えます。十歳の人なら十回ですから、合計十秒でできます。五十歳の人なら五十回ですから、合計五十秒です。「ありがとうございます」を、

空いた時間に何度か言って、一日の合計回数が自分の年齢と同じになればいいのです。慣れてくると負担になりません。毎日、ちょっとした数秒間に発し続けることが重要です。私は、お風呂に入って湯船に浸かっているときに、手を合わせて笑顔で「ありがとうございます」と連続して言っています。食事の前後やトイレに入っているときなど、ちょっとした時間を利用してください。難しいことではありません。

そして、自分の年齢と同じ回数の「ありがとう」を三年間、毎日言い続けることで、幸せを手にすることができます。六年間続けると、家族にも伝染して家族の願いが叶います。九年以上続けると、モノと心の満足が、家族を含めて得られるようになり、さらに幾多の奇跡を体験します（「奇跡を呼ぶ男（女）」と言われることになるでしょう）。

また、「年齢と同じ回数」と言いましたが、私は年齢の十倍を一日に発するようにしています。これは二倍でも五倍でも、何倍でもいいのですが、何倍にするかは家族みんなで話し合って決めましょう。そうすることにより、沸き立つ家庭を作り上げることにつながります。ただし、決して強制をしないこと、無理をしないことです。

また、注意していただきたいのは、「ありがとう」はプラス効果を生みますが、「ダメ」「無理」、そして愚痴や批判などのネガティブな言葉はマイナス語となり、プラス効果からマイナスされてしまうということです。故に、「ありがとう」と一回発しても、マイナス語を一回発すればプラス・マイナス＝ゼロとなりますから注意してください。

さらに、普段からマイナス語の多い人は、常にマイナスの貯金（マイナス波動の貯金）をしているということですから、「ありがとう」を続けても、なかなかプラスに転換できなくなっています。

ご家族内でもルール化をされて、プラス言葉を笑顔で発すれば奇跡が起きることを、ご家族皆さんで体験してみてください。

余談ですが、人生には日々ありがたいこと（プラス）もあれば、悔いること（マイナス）もあります。けれど、プラスに喜び、マイナスに悲しむのではなく、どんな出来事に対しても「学ばせていただいた」ということに「ありがとうございます」と感謝すれば、すべてをプラスにすることができます（のちに好転のチャンスを呼ぶこととなります）。

人との交わりの中で愛を受ける人間となることも重要ですが、「愛」を与える人間、与える中に喜びを感じる人間となることです。周りの人（家族や仕事関係の人など）に求めるばかりで自分が発している「愛（相手を思いやる心）」が足らない（少ない）から愛がかえってこないのだと理解し、愛を受けるより先に与える量を増やすことです。そんな自分になる（こんな自分を好きになる＝自分を愛すること）。ここから人生は始まります。

たとえ実際の物品を売る営業さんも、基本は人（自分）を売る＝人間力が先にあることを知ってください。

周りの人を師として

心理学者のアドラーは、「相手の目で見、相手の耳で聞き、相手の心で感じることは、相手の立場から観て、五感で受け止め、考えるという共感を重視した考え方のスタイルであり、相手を師として捉えることは重要だ」と言っています。

発想塾でも同様に考えます。周りを思いやる心は重要で、それは強い熱量となって相手に伝わり、相手からの良い波動を呼び込みます。

手段と目的を見誤らないこと

私は二十年以上前に、「車輪のない車を開発されてはどうでしょうか?」と国内の自動車メーカーに提案したことがあります（返事はどこからもありませんでした）。

私は公共工事で多くの道路が建設されているのを観て、「何のために道路が要るの?」と疑問を感じていました。車は人や物を移動させる手段です。しかし、地上から一メートルほど上を飛ぶ車（今のドローンに近い）があれば、タイヤはもとより、道路がなくても目的地に移動できます。このような発想から自動車メーカーに打診したのです。

今、自動車メーカーは各社とも自動運転車に力を入れていますが、私は次代の世界を凌駕するためには、自動運転の次に来るものを今考えることが、日本の自動車業界の世界戦略だと思っています。それがまさにドローンカー（空を飛ぶ車）であり、この考え方は発想塾仕込みです。

日本の教育界にも似たような話があります。現在の教育制度下では、偏差値の高い有名大学に入学することに最大限の力を注いでいます。つまり、**「〇〇大学を目指す」が目的**化していて、どんな人生を歩みたいのか、何をするためにその大学に行くのかが、本人や家族、関係者の方から伝わってきません。

なぜ大学へ進むのかといえば、本来は人生の目的に向かって学ぶためであるはずです。大学入学はその手段にしか過ぎません。しかし今の日本では、大学へ入学すること自体が目的となってしまっていて、人生の目的が消えています。人生における目的、「何をするために〇〇大学、〇学部へ行くのか」が設定されていないため、ひたすら敷かれたレールに乗って〇〇大学への入学を目的にしてしまう傾向が日本では強いのです。また、有名大学を卒業しても、何も考えず、引き続き敷かれたレールに乗ったまま、有名企業に就職となるようです（これは、将来を考えない「枠内教育」のひずみです）。

議員さんの中にも、議員になることが目的となっていて、「議員になって何をするのか」が見えない人が多くいます。有権者としては、はっきりと「私はこの地域をこうします」と、目的を訴えてほしいのですが……。

このように、車も、大学への進学も、議員さんになるのも、本来は目的ではなく手段なのです。

人生も同じです。人生の目的は「生きがいを得る（幸せになる）」ことであり、そのために何をするのかというのが手段です。手段と目的を見誤らず、明確に持つことです。

上記に関連する最近の時代変化の話として、現在、新型コロナウイルスにより三密を避けるために、オンラインによる在宅勤務（テレワーク）が急遽取り入れられました。今回のテレワークは危機回避が目的でしたが（試験的な段階でもありますが）、今後は、これを機会に、業種によってはテレワークが当たり前になってきます。また、週の半分を出勤し、半分を在宅勤務とする業種も増えてきます。

さらに、学校への通学も、小・中・高校生は週の半分になり、あとは在宅授業になるかもしれません。大学生は学校や学部によって違ってきますが、近い将来には、大学進学は世界が対象となり、日本にいながら海外の有名大学の学生となることも、すでに現実的になってきています。そして、世界の先端の授業を受けるにしても、今後は、発想塾が提唱させていただいている**「覚える教育から考える教育」**を学べる大学が重要（中心）となるでしょう。

時代は、今回の新型ウイルス発生により大きく変化（進化でもある）していきます。これに関して言えば、大きく影響を受ける多くの職種がありますが、公共交通機関は半減する方向です（ラッシュアワーも緩和されるでしょう）。他にも多くの企業や団体に影響します。また、新業種も生まれます（発想塾の沸き立つメンバーから、画期的な「新」が生まれ、チャンスになるかもしれません）。

先を読むのも、発想塾の重要なテーマです。さまざまな業種や組織も、視点を変えれば観えてくるものが多くあります。今回のコロナ禍が発している次代の問題を考えることは、発想塾内でも重要なテーマとして議論していきます。

人の最終的な目的は、人生の充実（満足）感を得ることです。だから途中に茨の道があっても、逆に茨の道に感謝し、最終の光（目的）が見えなければなりません。あなたも日々発想力を高め、社会貢献を通して感謝を重ねると、周りをびっくりさせる「奇跡を呼ぶ男（女）」になります。

私も公共工事（土木業界）に、奇想天外な発想による製品などをいくつも提案し、採用をいただいています。最初は「ダメだ、危ない、無理だ」と言われたものでも、今では当たり前に、いや、むしろ積極的に採用（勧めて）いただいているものが多くあります（具体例は第三章にて紹介させていただいています）。

この話は、もちろん自慢するつもりはありませんが、公共工事では前例主義が基本ですから、「新」の大半が「無理だ」と言われます（特に弊社のような極小企業は難しいのです）。しかし、そのような先入観を持たないことが大切だということを知っていただきたいのです。似た話は、皆さんの周りにもたくさんあると思います。皆さんも、発想力を一緒に磨き、高めて、楽しい人生を見つけてみませんか？

人生は「人・モノ・金」の心配はありますが、それをあらゆる手段（考えること）を使って乗り越え、「仲良く、楽しく生きること」が目的です。

論語にも、「知・好・楽」（人生は知ることより、好むこと、好むことより、楽しむこと）が重要とあります。

※手段と目的についての重要な補足

子供には小さい頃から、他人への迷惑行為、犯罪行為を、「絶対にダメ」と強く教え込むことです。「見つからなければいい」というような、「今さえよければ」の短絡的な考え方を、絶対にさせないことです。例えば、お金を得るための手段として短絡的な行動をすれば、人生の結果が真逆（不幸）となることを、しっかりと教え込むことです。そうすれば子供は、「悪いことは絶対にやらないぞ」と決断します。

人が生きる目的（人生）は、周りの信頼を得て「仲良く、楽しい人生を送ること」であり、そのための手段として勉強し、働くのだと、家庭内や学校においても、しっかりと子供たちに教育（指導）してほしいと強く願っています。特に、核家族での生活が増え、お爺さん・お婆さんが孫に教育的なことを言う機会がなくなっている今、親からの教育が重要なのです。

自分の子供だけでなく、あなたの周りにいる中学生以上の子供（大人）にも聞いてみてください。「あなたの人生の（生きる）目的はなんでしょうか?」と。大半の人は、目的ではなく「手段」を語るのではないかと思います。小さい頃から、人生の（生きる）目的を明確にしておくことにより、考え方がしっかりしてくると共に、それは家庭や社会を明るくすることにもつながります。

人生は手段と目的、そして「志（社会貢献）」へと、生きる目的を明確にして歩むことです。

発想塾は前向きな人を増やす

人生の大きな決め手を、幼児期から中学生までの間に発見することがあります。幼児期の体験が大人になっても残っていて、現在につながっている経験をした大人は多くいるでしょう。幼児〜子供時代に0から1を生むための「考える力」を鍛えることにより、成人となってから子供の頃の楽しかったことを思い出し、それが自分の生き方や仕事につながれば最高となります。

今の学校教育においても、未知を切り拓く「新」へのための「考える教育」も重要だと考えます。生徒からの、未知への質問が多くなる教育です。これらの質問が増え、生徒が自分で考えることによりチャレンジ心が高まり、そこからしっかりした未来を描けるようになり、幸福度、幸せ度が上がる人生となります。

どんなことでも、子供が「こんなモノを創ったよ」「こんなことができたよ」と得意な顔をしたら、親から見てくだらないモノであっても、「凄い！　スゴイ！」と褒めて、子供に自信を持たせましょう。そうすることで、子供は「新」に自信と興味を持ち、立派に育つのです。

発想力が上がっていく人（特に子供）というのは、何事も前向きに「なぜ？　ナゼ？」

と考え、わからないことも恥と思わず、素直に「教えて」と質問をします。その積極的な姿には、提案（改善）力があります。

一方、「私には、ダメ、無理」と言う人の多くは、くだらない質問をして恥をかきたくないという気持ちがあり、提案にも自信のなさが出ていて、思い込みによって自分を否定する性格が影響しています（日本の学校教育の弊害でもあります）。こういう人は、生活や仕事の中でも不平不満が多く、「新」に向かって「よし、やるぞ！」が感じられません。

人生を面白く楽しく歩むには、まずあなたの目の前（身近）にある日用品（文具類、洗面具類、食器類など、家の中を見渡してみましょう）を、面白く改善してみることから始めてみませんか？　特に親御さんやお爺さん・お婆さんが、「私には、ダメ、無理」という言葉を発すると、子供にも「無理（考えないこと）」が伝染します。将来の子供のためにも、小さなテーマからでいいので、「考えること」に取り組んでみてください。子供と一緒に考えることができればベストです。明るくて前向きな家庭が出来上がります。

よし！　今からお風呂に入るけれど、お風呂の中でゆったりとした気分でトレーニングできる機器を考えるぞ！　それから、お風呂から出たときに瞬時に体を乾かしてくれるモノ（大型エアータオルかも？）を考えるぞ！――と、このように「新」に挑戦する前向きで肯定的な意気込みが重要です。

「前向き」の効果

人は心を前向きにすることにより、体全体が前向きになります。例えばガンになっても、「必ず治すぞ！」と前向きな心になることで、体全体がガン細胞に対して攻撃を始め、死滅させるということは、多くの医療関係者が言っています。よく「自然にガンが治った」という話を聞きますが、これは体の負担を減らし、食生活を改善して、心の喜びを満たす日々を意識することで起きた結果だとも言われています。このように、人が考え方を前向きにすることにより、体はその考え方に沿って免疫対応を変化（好転）させるのです。

発想力も、諦めずに「絶対にやり遂げるぞ！」と強い意志を持つことにより、体全体がその方向を実現させるために障害物を取り除く活動を始め、何事も成し遂げられます。そして、これを一度でも体験することで、その後の達成度がさらに大きく上がります。粘り強く、いろいろな角度から正しく、楽しく考え、決して諦めないことは、発想塾の目指す基本でもあります。

お互いが前向きになる雰囲気づくり

ＧＨＱに始まる日本の戦後教育は、教える教育、覚える教育（先生と生徒の上下関係も影響しています）が中心で、これは私の言っている「枠内教育」であり、今日も続いています。故に、世界の中での「考える教育」から、日本は大きく遅れています（ＡＩ時代の今、日本の将来を考えると、これが大きな問題になるのでは、と思っています）。この「考えること」の答は、必ずしも一つではありません。故に、日本の学校では教えることが難しいのです。

そのような中で、相手（人）を前向きにさせるには、前向きな態度になってもらうには、自分はどう行動（発言）すればいいのか、と考えることが大切です。「思わず笑ってしまう」「元気が出る」「やる気になる」……そんなふうに相互が積極的になるためにはどうすればいいかを、発想塾において、周りの方たちと良いコミュニケーションを取りながら、奇想天外に考えてみましょう。その効果は自分に返ってきます。

こんな一例があります。ある子供が母の日に「お母さんを喜ばせたい！」と思い、母親に、「いつも若くてきれいね」と手紙を書きました。すると、普段は「ウソはダメ、ウソは泥棒の始まりよ。絶対にウソをついてはいけません」と言っていたお母さんが、「この子はすごく良い子！」と周りに言いふらしてビックリ！　こうして、発想塾仕込みの元気な家庭がまた一つ生まれました。

第三章　発想例から学ぶ

私の直感から生まれた「新」

私が建設資材（主に公共工事に使う土木用のコンクリート製品）販売に携わっている折、民間のゴルフ場開設に伴い、ゴルフ場オープン日までの約半年の工期で、山の中に新設道路一・六キロメートルを町が発注しました。それを大手ゼネコンが請け負い、道路計画内の土留め壁（プレキャストの逆T型擁壁。完成高さは約八メートルが二ヵ所）の資材を弊社が受注し、構築する計画で進めていました。

しかし、一ヵ所目の擁壁構築に二ヵ月余りを要したため、ゼネコンから、「時間がかかりすぎるので、二ヵ所目は逆T擁壁を中止し、鉄筋の要らないバカでかい現場打ち重力式に変更する」と連絡がありました。けれど、その重力式擁壁を構築しても、山側（擁壁背面）を大きく掘ることになるため、それを一ヵ月余りかけて完成させたあとでないと、奥の道は造れないのです。当然、工期が遅れるという問題がありました。

そこで私は、これまで実績のない逆台形型の擁壁を提案したのです。するとゼネコンの担当者は驚きました。

「えっ!?　これならば前面側に逆台形状の提案擁壁工事をしながら、背面側に仮設道路（約幅員四メートル）を設けて奥へ進むことが可能となって、同時並行しての工事ができることになる。凄いことだ！」

そして、安定計算書、見積書などの必要書類を揃えて出すと、三日後にゴーとなったのです（次項でより詳しくお話しします）。

初めての工法なので、私はほぼ毎日現場に出向いて、擁壁として問題はないか確認していました（まさに「直感」で判断している日々がありました）。やがて工事を無事に終えると、ゼネコンから深く感謝されたのです（ゼネコン社内では、従来の工法では工期に絶対に間に合わないと思っていたようです）。

公共工事はハードルの高い典型的な「前例・待ち・保守」の業種です。しかし私は多くの「新」（十件以上。ビックリするようなものばかり）を提案し、ご採用をいただいています。まさに、現場で困っていることに対して、直感からくる発想「新」ばかりです。今も、さらに「えっ!?」と思えるようなものを、次々と提案させていただいています（自慢話ではありません。テーマは周りにいくつでもあるということです）。

仕事への執念（前向きさ）が発想力を高め、ワクワク感を生み、その成果が感動と感謝、生きがいとなるのです。

先ほど公共工事の前例主義の話をしましたが、今の時代は、公共工事を含めたすべての事柄、そしてすべての人の生活環境が大きく変わっています。「教えられたことをやる」

「指示されたことをやる」という時代ではなくなってきているのです。それはつまり、すべての人たちが、教えられたことを従順に処理する環境、即ち**覚えたことの繰り返し**（過去の仕事・学ぶ教育）だったものから、「新」に向かって**考える仕事・教育**（新時代を考える仕事・教育）に入っているということです（発想塾への参加を提案させていただく理由も、ここにあります）。

個人も職場（企業）も同じです。現在の学校教育の「覚える、習う教育」に、（先に向かって）考える「新」を加えることが重要です。職場においても、厳しく言えば、ＡＩ時代となった今日、考えることをしなければ今の職がＡＩに取って代わられ、生き残れなくなっています（失業する・無職となる）。私たちの企業が業界で残っていられるのは、前述のような「新を提案すること」が大きな要因の一つとなっているのです。

発想秘話

先ほどの逆台形擁壁（「バランス工法擁壁」と命名）が生まれた経過を詳しくお話しさせていただきます。

土木の擁壁で前面が鉛直、高さが五～一〇メートルくらいには、逆Ｔ型擁壁が標準的に使われていますが、高さに対して底幅が約七割（特に背面側が大きい）必要です。そのため、山の中などに道路（造成工事も同様）をつける場合には、背面側を大きく掘ることが当たり前のように行われていました。これを私は、底幅を高さの約二割くらいの逆台形状にし、前面は鉛直で山側にもたれる形状にしたのです（今まで誰も考えたことがない形状です）。

周りの業界人（特にゼネコンのベテラン）からは、「こんなトップヘビーで危ないものは使わないよ」の声ばかりでした。ところが、現場で困っていた先ほどの大手ゼネコンは、「これが可能なら凄い！」となり、弊社に安定計算などの資料を求められたので、土木の標準に則って安定計算書を提出、併せて見積書を出しました。そしてその折、わが社は次のような驚く条件を提示したのです。

「見積額から一円でも値引きがあればやめます。工事は弊社が紹介する会社に任せてください。現場には○○日から入ります。返事は三日以内にください」

強気と思えるような要求ですが、実は逆に信頼を高めることが目的でした。そして、異例の三日で返事をいただき、無事に工事を終えることができ、ゼネコン様から凄く感謝されたのでした。

この工法が使われた擁壁は、今日では東京はもちろん北海道から九州まで、全国四十七都道府県で五百ヵ所を超え、高さ一五メートル超えも数ヵ所あり、地震にも多く遭遇していますが、芸予地震、鳥取西部地震、鳥取中部地震、熊本地震、東日本大震災の地震と津波にもびくともせず、トラブルは一切ありません。そのため全国から、「見かけと違って地震に強い凄い擁壁だ」の声が多く届いています（バランス工法擁壁については弊社「ランデックス工業株式会社」のホームページをご覧ください）。

さて、二つ目の例は、弊社の地盤確認試験機「エレフット」です。通常、掘削時の地盤支持力の確認には、平板載荷試験と呼ばれる大型の建設機械（二〇トンクラス）などを使って地盤の専門家にお願いして、ほぼ一日をかけて計測・試験を行い、判定結果は数日後でした。さらに、この平板載荷試験は、時間、費用、大型機械が入れないなどの理由で、難しい現場が多く、多くの現場で行っていません。つまり未確認が大半なのです。

私は、土木工事での地盤確認は重要（特に逆台形のバランス工法擁壁は重要）だと常に思っていたこともあり、あるとき社内技術者に、「小型で簡単に支持力値が確認できる試験機を作らないか」と提案してみました。すると、「社長、それ面白いですね」と積極的に取り組むこととなり、開発が始まりました。

さらに、この話を仕事で付き合いのある大手土木コンサルタントの役員にすると（この人からも積極的に協力をいただけました。この積極性が重要です）、周りが沸き立ち、大学など多くの関係者の開発協力をいただきました。

これらにより完成したのが、丸椅子状の試験機「エレフット」（重さ八キログラム）です。この上に人が座って試験を行います（弊社ホームページ参照）。工事を請け負った現場監督さんが現場に出向き、この試験機に座って二十〜三十分ほどで計測が終了し、計測値をパソコンに入力すれば即時、判定結果が得られるという優れた試験機です。

開発途中では、多くの現場で従来の平板載荷試験機と並行して使用し、その正確性を確認していたこともあり、今日では高い信頼性・評価をいただいています。また、開発当初は、大型機器を使わない、短時間、即時判定などの大きな変わりように、周りは「こんなおもちゃのようなもので……」と否定的でしたが、開発から十年余りの間の多くの実績の結果、今日では国土交通省からも推奨していただいています。

さらに、エレフットの誕生が契機となったのか、土木工事の基準書が改定され、「現場の事前調査は難しいこともあり、（請負者は）施工時に（すべての構造物の）支持力値を確認すること」（概略文）となりました（なお、基準書内には、誰が、何で、どのような検査を行うかは明確に示してはいませんが、現在はエレフットによる確認が主体となっています）。このように基準書の改訂文が出された今日、エレフットは全国で導入が進んでいます。

ちなみに「エレフット」の命名は「エレファント・フット（象の足）」が由来です。

他にも、弊社には以下のような実績があります。

①既存の街中道路を含む、ほぼすべての道路（歩道を設置した道路）を少しでも広くして使える提案製品

②排水道路側溝（既製品）を、道路に沿って右や左にカーブ、さらに真っ直ぐに据え付けるとき、同じ製品を据え付けても目地（接続）部分がほとんど開かないようにする。これは目地部の強度が上がり、構造物の安全性が高まり、さらに現場の目地作業が大幅に削減され、喜ばれています。製品の製造原価は、特注ではないため変わりません

③溜池や水路の公共工事において、池に落ちない、水路に落ちないなど、人命救助のお手伝いブロックや、防災製品など数種類

④豪雨・地震時などに、想定外崩壊が起きない方法として、安価で強い土木構造物を造る手法

⑤人々が健康になる公共交通手段の構築提案

これら①～⑤については、あえて詳しい答は申し上げません。どんな製品か、皆さんで

考えてみてください。現代は「答を教えて」と近道を選ぶ人が多いですが、それでは考えることをしないため発想力が生まれません（あとの項で詳しく述べます）。

発想塾では、答を教えないで、**考える癖**をつけることが重要と捉えており、塾生からの質問は「ヒントを教えて」くらいにしていただいています。あとは、そのヒントを基に自身で考えるということを重視して、発想力を鍛える訓練をしています。

発想の入り口はどこにでもある

発想というものは、肩肘張って「頑張るぞ！」と気合を込めれば生まれるというものではありません。それに、初めから「素晴らしい！」と言えるものは稀にしかありません。

私の生んだモノのきっかけは、意外と単純なところからきています。従来工法を当たり前と捉えず、「後ろを掘らない方法はないか」「土木構造物の基礎地盤は重要。設計書どおりで掘っているが、確認しないで大丈夫？」「一〇〇〇分の一の重さや、時間にするためには」「カーブ時の側溝の目地処理を、丈夫で簡単にすることができないか」、また、新聞記事で溜池や水路での犠牲者がいることを知って「何とかせねば」などなど、このように問題点を単純に考えるところから始まっているのです。

その結果を見た関係者の方々からは、「凄い発明だ！」と称賛をいただきますが、問題点を見逃して「当たり前」と捉えると、発想は生まれません。不便・不自由・危険を何とかしよう、何とかできないか、こんなものがあれば……といった単純な動機（入り口）から始まることを知っていただきたいのです。

皆さんにもこのようなことはあるはずです。「重いものを軽く運べないか」「硬いものを軟らかく」「見えないものを見えるように」「立体的に考えると」「上から見ることから、下から見ることに視点を変えると」「一万倍すると。逆に一万分の一にすると」「○を▽にすると」「前と後ろを入れ替えれば」「黒を白にすれば」「材質を替えてみれば」「もっと原価を下げるには」「もっと速くするには」「もっと便利にするには」「もっと綺麗に見せるには」「もっと格好よく見せるには」「もっと若く見せるには」「もっと面白く見せるには」「もっと安全にするには」「もっと……」と、周りにテーマはいくらでもあります。常に意識して、日常の周りの中からテーマを見つけることです。これらは一人で考えることも重要ですが、発想塾の仲間（複数）と一緒に、沸き立ち、学びながら考えることも、閃き力を高めます。

そして、発想から生まれるモノや改善点は、見つけてからどう磨き上げるかが、皆さんにかかっています。入り口（問題点）を見つけたら、結果（成果）を出すまでの道のりは、山の頂上を目指す道のように、いろいろな方向から登ることができます。頂上は一つですが、登る道は複数あることを知り、迷いながらも自分の道を見つけ出すことです。宝はあなたの身近なところにあります。宝を見つけようとする努力は、あなたを輝かせます。あなたが宝を得てくれることを、待っています。

周りからの、「バカなことを考えるな、無理だ」の横槍や批判はチャンスと捉えましょう。無理の中にこそ「凄い！」が生まれるのです。周りの声に振り回されることなく、自分の中で楽しみ、夢を追求することです。

昔、オセロゲームが発売されたとき、私は、「二人でするのもいいが、三人以上でもできないか」と考え、二人から六人までが一緒にできるオセロの試作品を作り、自分で特許出願もしました。今、このゲームを孫たちとすると、結構盛り上がります。「新」の実績を積めば、あなたを肯定する前向きな仲間づくりができ、生活が、人生が楽しくなります。

また、発想塾仲間が集まり、発想テーマ（思考）が行き詰ったとき、この六人でもできるオセロゲームを取り入れると、湧き立つような雰囲気が生み出され、思考力アップを図ることができます。つまり、このゲームを常備しておくことにより、発想することの大切さ、やる気を生むことの重要性を持続させる意識向上効果があります。

世の中には「えっ!?」と驚くようなものが生まれることがあります。先ほどのオセロも

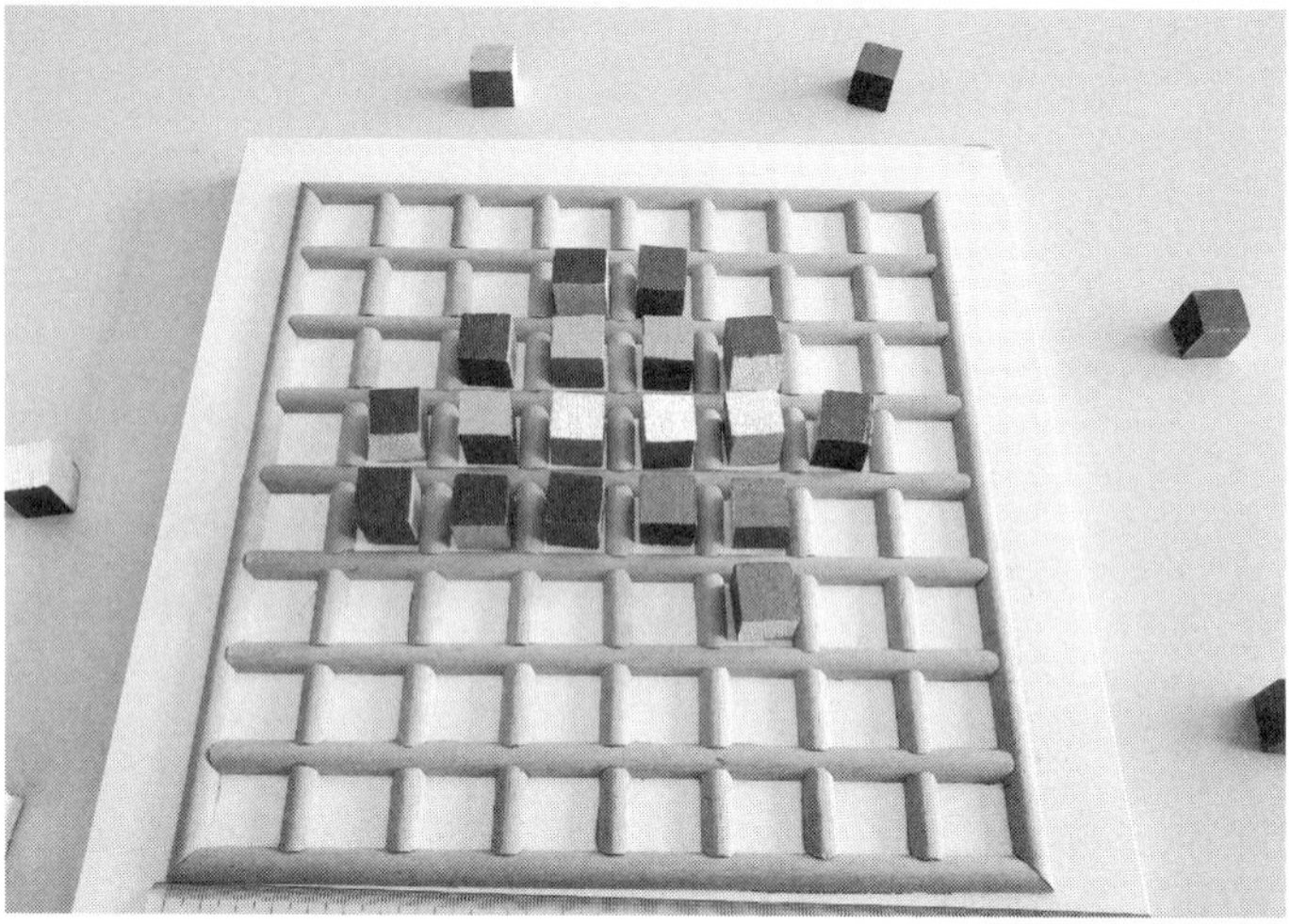

当時、特許出願した6人でできるゲーム

一世を風靡しました。このような「新商品」が生まれたとき、人々は「凄い！」と感心するものですが、発想塾を体験された方はそこで留まらず、周りで何かの「新」が生まれたときには、凄いチャンス到来と捉えて、「よし！　目の前の生まれたばかりの『新○○』を、さらに凄いモノにしよう」と、一段と高い視点で考えます。そうすると私のように、「六人オセロ」を思いついたりする（誕生する）のです。

何度か述べていますが、世の中には一〇〇％の完成品はないのです。新たな開発品「新」を目にしても、「さらに面白くできないか」と考えることです。そうした意識を持つことで、皆さんの周りにも「凄い」何かが今日、生まれるかもしれません。チャンスです。「さらに凄くするには」で考えてみると、さらに面白いモノに行き着くかもしれません。考えよう、考えよう、もっと、あなたの視点で凄いモノを考えましょう。

具体的な解決方法を考えてみよう

このような私ですから、土木工事において他にも難しい相談が多く入ります（同業者に相談をしても、大半が「無理です」となるようです）。

前述もしましたが、誰かが難しいことを解決すると、すぐに、「どうやってやったの？やり方を教えて」と答（近道）を求めてこられる人が多いのですが、発想塾では、まずは地頭力で考えます。そして、尋ねるのなら、しっかりと自分が考えた上での質問として、「ヒントをください」くらいにしてもらっています。考えることが、問題解決力・工夫力を上げ、自己成長を生むからです。

どの現場でも、業界経験者や同業社から、「一〇トンもあるものを人力だけで運べるの？」「そんなに早くはできない」「無理だ、できない、時間がかかる」「難しいのでは？」などの心配な声がありました。さらに質問や疑問を言ってくる方に、「こうすれば」と提案をしても、「本当にできるの？　大丈夫？」の声も常にありました。しかし幸いにも、実施して一ヵ所も「できませんでした」はありません。予想をはるかに超えた結果を得て、どの現場の責任者も、終われば「凄い！」「ありがとう！」「良かった！」の連続でした。同じような例は他にも多くあります。故に、難しい現場の相談は、今も弊社に届き続けています。

これらは自慢をしているのではありません。先入観を持たない。「できる方法はないか？」で考える。「難しいからこそ面白い」で取り組む。そして、「お役に立つためには」という気持ちで、余分なお金や時間を使わずに、経験と勘を頼りに積極的に考えることは、楽しむことであり、結果、素晴らしい神様からの知恵をいただけることになります。

通常、重いモノを吊り上げたり移動させたりするには、大型クレーンやフォーク・リフトなどが必要だと誰もが思いますが、発想塾では、クレーン以外のモノや、人力でできないかなど、思い込みを捨てて、思考をフリーにして、そこから観えてくるものを考えることから始めていきます。

どんな仕事（プロ）の中にも、このような話はあるはずです。相手（顧客）が求める以上の成果を出すように、日々の仕事の中でプロとして考えてみることは、さらに進化を呼ぶためには重要です。

私の経歴から　――あなたも「有色の人生」を歩もう

私の人生を振り返ってみると、生き方の中に、仕事の中に、常に「面白い」「楽しい」を見つけて生きてきたように思います。

この「面白い」「楽しい」が生きる中にないと、「つまらない人生」（私は、色のない**「無色の人生」**と呼んでいます）を歩むことになります。逆の「面白い」「楽しい」は多種の色を持ち、多様の形を形成しています。計り知れない楽しいモノが、人本来の人生であり、私はこれを**「有色の人生」**と呼んでいます。この「色を持った人生」は、自分で着色していくものです。どんな色をつけ、どんな形を創るかは、あなたにかかっています。

さて、ここで、私の経歴を少しお話しさせていただきたいと思います。

私は小学生の頃から、変な作文を書いたり、変わった工作物を作っていたようです。中学一年生のときには、上級生を相手に生徒会長に立候補し、変わった演説をしました。結果は数票差で敗れましたが、大健闘です。大学時代はリュックを担いで野宿をしたりしながら、日本各地をくまなく旅しました。

また、大学時代は友人に誘われて社交ダンスに熱中（体型的にダメ、運動神経もダメな私ですが)。ダンスは地元高松に帰ってからも、サークル活動として立ち上げ、十年近く活動しました(不思議なことに、高松市教育委員会の行事として、市の広報掲載にて継続的に会員募集をしていただきました)。そしてそれは、多くの出会い、多くの方の成婚にもつながっています。

大学を卒業し、就職した会社の仕事の中でも、常に「新」を目指して、個性ある取り組みを行ってきました。自分個人としての成果も挙げ、楽しんできました。

そして会社で十六年余り勤めたあと、現会社「ランデックス工業」を四人で創業すると同時に、ある重鎮様から県外の業界大手メーカーをご紹介いただき、香川・徳島県の代理店となり、公共工事に使うコンクリート製品の販売を始めました。創業してすぐに、大きなテーマパークの建設による驚くような莫大な量の注文をいただき、これらの神がかり的な体験を通して、不思議な人の縁、不思議な力を何度も体験させていただきました。

営業方法も、メーカーでもないのに「設計で勝つ」をスローガンに、役所、設計事務所、そして建設業者を訪問し、価格競争ではない個性ある営業展開、商品展開をしました。結果、創業一期目から毎年一億、二億と右肩上がりに売上を伸ばし、十四期(十四億円余りの売上)まで赤字なしでしたが、十五期目に入ると、驚くことが起きたのです。香川県から、「県の公共工事には県産品限定」と発表があり、その年は売上が一〇分の一に、さらに翌年は二〇分の一と、一気に赤字企業となってしまったのです（その後十三年間は低迷し、毎期赤字）。

私は「県産品限定」と発表されたとき、彼らは、弊社の驚くような伸び（活躍）を見て、自社（業界）の危機を感じて、「県産品限定」を要望したようですが、このようなとき、私は自分の運気を下げないために、どのようなことがあっても、相手と戦わない、憎まない、恨まないことにしています。人に騙されたり、罠を仕掛けられたり、意地悪されるのも人生、そのときにどう対処するか、生き方が問われていることであり、その対処をした結果はすべて自分に返ってきます。私はこのような逆風下（厳しさ、苦しさ）の中にあるとき、「神（天）が教えて（学ばして）くれている」と、考え方を前向きに捉えます。実態は弊社を潰す目的で業界の重鎮が県議を通じて「県産品限定」を打ち出したようですが、相手を恨んだり、憎んだり、仕返しをするなどは、時間の浪費と自分の運気が、相手の下がった運気と同じになることを避けるために、戦わず、憎まず、一切後ろを振り向かず、天（神）の応援をいただくことが重要と考え、天の本分（天命）通りに日々進化させることと方向を決め、「ありがたく学ばしていただきます」と、ポジティブに捉え、未来に向かって、人に迷惑をかけない対処方法を思考（発想力を活かすこと）実践します。そのときも、即時、攻めに転じ、「よし！　大型ブロックの開発に着手する」と決めました（県内同業大手数社はすでに製品として販売していましたが、弊社独特の製品を、県内小メーカーの製造協力をいただき開始)。約半年かけて開発し、県の土木事務所に二個を並べた写真を持って説明して回りました。すると驚くことに、その一週間後に香川県東部を台風が襲い、大災害となり(激甚災害)、急きょ県から声がかかって、一番被害がひどかった湊川沿いにすべて弊社の製品が採用されることとなったのです(同業他社の採用はなし)。これは予想をはるかに超える大量の採用でした。まさに奇跡であり、神がいたとしか思えません。製品が間に合わない可能性もありましたが、入札不調で再入札となるなど、また も神がかり的な不思議な奇跡が何度もあり、間に合わせることができました。

大型ブロック開発と同時に、前述しましたが、土木工事における掘削時の地盤確認がほとんどなされてない現状から、私が弊社の技術者に、「簡単に地盤の確認ができる試験機を創る」と話すと、「社長、それ面白いですね、やりましょう」と積極的に取り組んでくれ、地盤確認試験機の開発に着手。ここでも不思議な人の縁があり、大手コンサルタントの役員から香川大学を紹介をいただき、開発協力をしていただけることになりました。そして開発した試験機は、今日では国土交通省から「準推奨技術」として全国で活用が促進されています。

このような自分の過去を振り返ると、人は生きることの中に「面白い」「楽しい」があると、周りの人もそれを感じて、「あの人に協力をしよう。あの人の製品を使おう」と仲間になっていただけるようです。これは本人が発する前向きな善の波動（第五章で詳しく述べますが、「フォトン」という素粒子です）が影響しているのだということを、私は感じています。これがまさに、人間の心の深い部分にある「真我」と呼ばれるものではないでしょうか。

私が発想塾をお勧めするのは、皆さんに、日々考えて、考えて、独自性を持った**「有色の人生」**（楽しい、面白い、嬉しい人生。皆さんが長寿で元気な日々）を歩んで過ごしていただきたいとの強い思いからです。

トヨタグループ創業者、豊田佐吉の言葉

現・トヨタグループの創業者、豊田佐吉さんは、苦労に苦労を重ね、人に騙されたりもして、大きな浮沈を経験してきた方です。その豊田さんは、こんな言葉を残されています。

「仕事は人が探してくれるものではなく、自分で身につけるものだ。職も、人が作ってくれるのではなく、自分でこしらえるものだ。それがその人にとっての本当の仕事となり、職業となる。とにかく、その心がけさえあれば、仕事とか職業というものは無限にあると

言っていい。いつの時代でも、新しいことは山ほどある」

「私は、他人より余計に創造的知性に恵まれているわけではない。すべて努力の結晶だ。しかし、世間はその努力を買ってくれないで『天才だ』と言って片づけてしまう。私は遺憾千万だ」

「私が今日あるのは、天の心というものだ。それならば、こちらも社会に奉仕をしなければいけない道理だ。『誠実』というその字を見ろ。『言うことを成せ』という言葉なんだよ」

幾度もの逆境を経てきた方だけに、一言、一言が重く心に響き、生きるための元気（励み）をいただきます。そして、まさに、豊田佐吉さんの言葉は、私の体験と重なるものがあり、発想塾が皆さんと一緒に歩み、学ぶ考え方と同じです。

「答を教えて」という近道をしない

子供に「飛行機はなぜ飛ぶの？」と聞いてみましょう。同様に、風船は？　紙飛行機は？　シャボン玉は？　他にも、魚はどうやって息をしているの？　船はなぜ浮かぶの？　太陽が昇ると明るくなるのはなぜ？　草木が大きくなるのはなぜ？　そして枯れるのはなぜ？　宇宙遊泳って何？　万有引力って何？　宇宙でも石は重いの？　マッチ棒をこすると火がつくのはなぜ？

このような質問をすると、すぐに「わからない。答を教えて」と言う子供が多くいます（大人もそうです。日本人は特に）。これは、考えることをさせないですぐに答を教える日本の「枠内教育」の弊害です。少なくとも「ヒントをください」と言う子になってほしいですね。いきなり答を聞いてくる子より、ヒントを聞く子には、考えようとしている姿があります。

似ているけれど逆の例を挙げると、親の都合で子供の能力を抑え込んでいる場合があります。子供が「どうしてこうなるの？」「なんで？」と興味を持って質問してきたときに、「今、忙しいからあとでね」とか、「くだらないこと言ってないで、宿題をしなさい」などと、子供の自由さを削いでしまう、ここにも「枠内教育」をしている姿があります。

子供というものはすべてが未経験であり、何にでも興味を示すのが本来の姿です。けれど親のこのような態度は、子供の自由な発想を抑え込むものであり、結果、「考えない子供」を作ります。また、そのような親に限って、「うちの子は、頭が良くないんです。周りのことに興味を示さないんです」などと愚痴をこぼし、子供にさらなる「枠内教育」をしています。

特に現代は、わからないことがあればスマホやパソコンで調べれば一瞬で「答」が得られるため、なおさら自分で考えないで「答を教えて！」と近道をする傾向があります。発想塾は、こういう時代だからこそ、人間本来の喜びを得るためにも、答（解決方法）を自分で考えて、考えて、考えるのです。将来の自分に向かって、こうして「考える癖をつけること」が、ＡＩ時代だからこそ、人として求められる重要事項なのです。特に、次代を担う子供たちが世界から遅れている日本の現状ですから、それを取り返すためにも、いいえ、世界の先端をいくようになるためにも、考える癖をつけることがとても重要な課題なのです。

子供の自由さを伸ばすには、親から見てくだらない、無駄と思える質問にも、子供の目線まで下げてしっかりと答え、子供に興味を持たせ、沸き立つ気持ちにさせることです。この「沸き立つ面白さ（豊富な発想力）」を知ることにより、わからないことがあっても粘り強く頑張って考え、いつか達成感を経験するのです。

そして、達成感を数多く経験した子供は、以後の人生でも大きく成長していきます。何事にも興味を持って「なぜ？　どうして？」の疑問を粘り強く解決していき、素晴らしく優秀な子となり、周りの子供との集中力、粘り強さの差も大きくなって、それが地頭力《じあたまりょく》の差となって現れてきます。

子供から見ればすべてが未経験です。子供の考え（視点）を、大人の判断ではなく、子供の目線まで下げて一緒に考えていくことが、頭の良い子、人を尊敬する子、未来を読み解く力を持った子となることにつながり、子供の将来に大きなプラス影響を及ぼし、成長（差）を呼び込むのです。

二十七億年前に地球に酸素が生まれたとき、それまで生きていた微生物たちが死に絶えたことを知っていますか？　つまり、そのときの生き物にとっては、酸素は猛毒だったのです。しかし酸素が生まれたことにより、四億二千万年くらい前には両生類が海から陸へ上がり、そして二百万年ほど前に人類の祖先が誕生したのです。遡ってみると、百三十七億年前のビッグバンのあと、地球は四十六億年前に誕生しています。

今のあなたの周りの現象を当たり前と思い込まないことです。もし○○だったら……と考えてみることも必要です。

例えば、人が人に対して「好き、嫌い」を判断するのは何を基準になのでしょう？　また、なぜ好き嫌いがあるのでしょう？　好き嫌いをなくすことはできないの？　これなども変わったテーマですが、変わった視点で考えてみるのも面白いはずです。

本気で頑張っている人を、神様は応援するといいます。では、本気とはどんな姿なのでしょう？　神様はイタズラが好きなようで、これが人間を喜ばせる元になっています。「風が吹けば桶屋が儲かる」「病気になれば医者が儲かる」「人が困れば誰かが益となす」「困っていることを解決することが人間の道」……神様は答を出さずに楽しんでいます。今、世界を混乱に陥れている新型コロナウイルスも、神から人間への挑戦なのかもしれません。人類がどう対処するのか、楽しんでいるのです。

生きるための近道はありません。真剣に真理を求めて、深く、深く、そして諦めずに考えるところに、成長（解決）があるのです。新型コロナウイルスにも真剣に取り組めば、「コロナウイルスで○○屋さんが儲かる」となるかもしれませんよ。

あなたの手でつかんで

ハーバード大学のビジネス・スクールは、学生に対して、「本当に世の中を変えるかもしれないビッグ・アイデアに集中せよ」と教えているといいます。また、「一〇％改善より、十倍改善を考える」、つまり問題解決には、十倍の方が一〇％より簡単だということを学ぶのが重要だとも教えています。

よし！　考えてみよう。例えば、「地球を歩いて一周するには、何歩で達成できるか。

そして、時間はどれくらいかかるのか」。あなたも考え、経験をしてみては？　小学生のあなた、わかるかな？

ゼロを一にするのは発想塾。一を一・一にするのは改善。一を二にするのは便利になるということ。そして、一万倍は発想塾。一万分の一も発想塾。さて、あなたは……？

世の中はすべてが未完成です。チャンスは、諦めないで考えるあなたの手の中にあります。

三十年後に生まれてほしいモノを考える

宅配便が生まれたのは、今から四十年以上前の一九七六年（ヤマト運輸が初）です。けれど当時は、「個人相手の荷物は儲からない、ダメだよ」というのが運送業界を中心にあった風評でした。今では宅配便の取次店となっているコンビニも、最初は「個人相手は……」という否定的な意見が多くありました。このように、新規事業に取り組む場合には逆風が必ずあります。

しかし、業種、企業、社会は三十年ほどで大きく変わります。なくなるもの、生まれてくるものは、今までの想定を超えた範囲・速さです。

あなたの働いている会社や職業も、三十年先にどうなっているか、しっかりと考えてみましょう。特にＡＩによる変化は大きいものがあります。何度か申し上げていますが、作業の大半はＡＩ化となります（民間企業であれば、ＡＩへの変化は、同業の中でも早く取り組んだ企業が勝ちとなる業種が多くあります）。特にこれからは、「人がする仕事」をしっかりと考えましょう。

また、時代が必要とするモノを考え（まさに、発想塾です）、今日からそれに向かった視点を持って取り組むことです。今までの三十年のスピードは、今後は十年で進むことが予想されるため、先を読み走ることが強さになります。遅れることは敗退を含んでいます。

身近なものでは、例えばトイレを見渡してみると、手洗い時に「エアータオル」、水洗と併せて「シャワートイレ」が、今では当たり前になっています。現在は、新型コロナウイルスをきっかけに、「在宅勤務（テレワーク）」や「持ち帰り弁当（テイクアウト）」が当たり前になっていっている方向です。

銀行業界や証券会社も大きく変化していくでしょう。私の予想では、十年余りすれば、社員数や規模が現在の一〇〇分の一になり、大半の社員は削減される方向となります。流通するお金は現金ではなく、スマホをかざせば出入金ＯＫの電子マネー化です。銀行業務の大半はＡＩ化されます。

さらに、銀行業界も情報産業となり、情報を収益にどう結びつけるかが重要となってきます。情報産業の新分野を見つけ出し、関係企業や新会社の起業、コンサルタントとして新たなサービスの収益源を見つけることが必要になるでしょう。企業の急変状況（ＡＩ化や、コロナ以後の勤務形態の変化、地方勤務・分散化などの大きな変化）の中、顧客企業の困った問題を吸い上げて、対処法をアドバイスし、顧客を守り成長する手法を考えるのです。また、旧態の訪問営業が通用しなくなっている中、新しい顧客サービス方法を考えるなど、多くの課題があります。

テレワークが増えるため、現在、車や公共交通機関を使っている人の移動人数は約半分に、そして道路（車）や鉄道の利用率は三分の一以下に減ると予想されています。これは当然、鉄道業界、バス業界、車業界に大きく影響し、これらの業界は予想をはるかに超えて大きく変わるでしょう。

小荷物（郵便・宅配）はドローンで自宅付近の基地局に配達。車も大半は道路を走らず、人の移動手段は空飛ぶ車（ドローンカー）となるでしょう。

今、欧米の多くの企業が二十年後（二〇四〇年）を目途にドローンカーを開発しており、その市場規模は百五十兆円と見込んでいるようです。日本のトヨタもＮＥＣも開発に取り組んでいて、ドイツのポルシェもアメリカのボーイング社と提携して共同開発を行うようです。こうなればガソリンは要らなくなり、逆に必要になるのがヘリポートのような離発着基地です。私は、宅配は確実にドローンカーになるだろうと、影響する業種変化を読んで（予測して）未来の姿を描いています。

また、冠婚葬祭に関すること、葬儀、お墓、仏壇、そしてお寺や神社などを含む多くの職業も大変革し、消滅していくでしょう。結婚式は超簡素化されるでしょう。これらの関係者はどのように対処していくのでしょうか？（発想塾内でも、このようなテーマは考え協議し、見通す対象です）。

ＡＩ時代を伴って、核家族化、地球が一つとなった今日、どの職業も、生活スタイルも、地球規模で大きく変化しています。発想塾は業種・業界変化についても、未来に向かって皆さんと一緒に考えていきます。

さらにスピードが増した三十年先を考えると、驚く世界が出来上がります。

前記のようなことは「他の業種のことだ」と思っているあなた、決して他の業種ではありません。諸々の製造方法（力）が、情報処理（力）が、生活様式が、ＡＩ化され、開発（力）もＡＩ化され、すべての業種にＡＩが絡んできます。これらをすでに予見していて、その方向に、発想塾的思考で取り組んでいる企業、業界、団体を一部目にすることがあります。

発想塾では、将来を明るく生きるために、未来を考えることを重視しています。まずはあなたが発想塾に参加して、時代を先取りし、周りのみんなを巻き込み、ワクワク人生を体感してみませんか？

発想塾は「理想に過ぎない」とか、「私には関係ない」ではなく、自分のものにするためにも「やってみること」です。パナソニックの創業者、松下幸之助さんも、「難しいことであっても、行動することが重要。やってみることだ」と多くの場で述べていました。

時代進化の中では、例えば三十年後には、亡くなった人を蘇らせる技術を可能とする話や発表があるかもしれません。同様に、二十歳の肉体のままで歳を取らずに生きられる人間が出現するかもしれません。

さて、あなたの考える三十年先は……？　これくらい、今は時代が大きく変化しているということです。

小惑星探査機「はやぶさ2」の挑戦から学ぶ

「はやぶさ2」プロジェクトマネージャーの津田雄一さん（東京大学大学院卒の航空宇宙工学博士）は、すべてが未知への挑戦の中、厳しい試練を乗り越えました。二〇二〇年十二月六日、小惑星探査機「はやぶさ2」が、地球から三億キロの彼方にある小惑星「リュウグウ（直径約九〇〇メートル）」から、石などの物質を持ち帰ることに成功したというニュースが世界を駆け巡ったのです。

津田さんは小学校低学年の頃に親御さんの仕事の都合でアメリカに行き、そのときにケネディ宇宙センターで、スペースシャトルの巨大な発射台やロケットを組み立てる現場などを見て、スケールの大きさに驚き、感動したそうです。それが、宇宙のことや宇宙船のことを学びたいと思うきっかけとなり、やがて東京大学の工学部、そして大学院へ。卒業後はＪＡＸＡ（宇宙航空研究開発機構）の准教授（助教授）を経て、「はやぶさ2」プロジェクトマネージャーとなりました。未知の世界への挑戦が始まったのです。

途中の成功・失敗の中から多くを学び、「はやぶさ2」プロジェクトという誰もやったことがないことに工夫を繰り返し、チャレンジし続けた経験が、今回の成功の中に活かされているといいます。プロジェクトマネージャーとなってからは、津田さんの「知識」と「本気」が多くのメンバーを引っ張り、津田さん自身もコミュニケーション力を高めたと振り返っています。

「リュウグウ」は地球から約三億キロも離れていますが、着陸地の誤差は、一回目のタッチダウンでは一メートル（このときは表層の土を採取）と、世界が驚く精度でした。さらに二回目のタッチダウンではなんと六〇センチであり、このときは地下物質も採取し、世界に誇れる偉業を成し遂げたのです。

津田さんは、技術を過信せず、驕らず、謙虚であること、また進化を呼び込むために常に満足せず、より良いものを、仲間と、面白く、楽しみながら、すべて自己責任を前提に、仲間に一生懸命さが伝わるように、未知の「新」へ挑戦したのです。そして、「新」に取り組むための心構えは、規模の大小は関係ないともおっしゃっています。

津田さんのこの考え方は、過去にノーベル賞を受賞された多くの方が、「新」を発見されたときや、自身の経験を述べられるときにおっしゃることと、ほぼ同じです。

皆さんも、発想塾内における、未知「新」への挑戦の心構えとして参考にしてください。

第四章　発想塾の年代ごと・職場ごとの取り組み

発想塾の基本　――自分に向いている分野を探す

発想塾では、まずは自分に向いている分野、好きな分野、秀でている分野、将来必要になる分野は何か？　ということを決め、その中で自分として楽しく貢献力を発揮できるものを探します。スポーツでも、趣味でも、仕事でも、地域でも、学校でも。また、今すぐにやることでも、余暇を使ってやることでも、退職後でも、家庭の中でも、子供の教育（指導）でも、とにかく自分の存在感を感じられる分野を見つけることです。

発想力は、インスピレーションです。瞬間的に「これ面白い！」と感じたものを、懸命に頑張って実現していくのです。途中では、ワクワク熱中することの面白さを体感しながら、楽しく進めていきます。ＡＩを超えた本来の人間の姿を浮かび上がらせることを、発想塾では主眼に置いています。

理想を理想で終わらせずに、現実にするための努力を怠らないことです。この「やってみる」ということが、以後の人生に大きな差、充実感となって現れます（特に若いうちは）。

心がけ　――夢を描き行動する若さを持つ

ＡＩ時代を迎えた今日、これからの人間の仕事は「作業」ではなく、「新」を考えることになります。常に問題意識を持ち、「なぜ？」「もっと！」と深く考え、「仮想力を上げる」「興味を持つ」「好奇心を持つ」「記憶する」「楽しむ」ことです。それがいつ必要になるかはわからなくても、「面白そうだ！」と目に輝きを持ち、前向きな姿勢で取り組むことが生きがいを生みます。

そして、途中にある茨の道を避けずにチャレンジを続けることで、脳は活性化され、元気でいられるのです。何歳になっても常に童心を忘れずに、いろいろなことに興味を持ち、「ワクワク行動する」ことが、若さを保ち、成功を呼び込みます。そう、成功者になるためには、これが重要なのです。

・江副浩正さんがリクルートを創業したのは東大在学中のこと（今もリクルートは大きく成長し続けています）

・学習塾の中でも、個人を活かす独特な運営をする異彩の公文式学習塾

※塾について、参考までに申し上げますが、これからの国内の学習塾には、世界で闘うために「考えること」を主にした塾、まさに「発想塾」を取り入れた塾が求めら

れてくると思います。

・東大を途中下車して始めた、オン・ザ・エッジ（のちのライブドア）の堀江貴文氏

これらの方々は皆、楽しい社会形成を目指し、個人を重視した社会貢献企業を創業しています。私がこれらの企業に共通していると感じるものは、それぞれが好きなことをしながら、個人の能力をフルに出せる場を提供しているということです（個人が個性を発揮して、瞬間、瞬間を楽しみながら〈遊びに近い〉仕事をして、成果を出す）。

人にはそれぞれ、好き嫌い、天性の能力があります。低年齢の小学生は当然、いろいろな経験が少ないのですが（未経験）、それを逆手に、自由さが凄い発想を生むことがあり、奇想天外さは大人よりも凄いものがあります。一方、高齢になれば、生きてきた経験を基にした、熟練の中から生まれる凄い発想力があります。

いずれにしても、自分の得意分野を伸ばし、楽しく仕事をして社会に応えるためには、また世に尽くすためには、自分に向いているもの（特性）を活かして、それを社会に提供することを考えて行動することです。時には一人で、時には気の合う仲間と、テーマに向かって楽しく考えることです。

周りや仕事に不平、不満を言う前に、目の前にある仕事やテーマに一心不乱に打ち込むと素晴らしい光（成果）が得られることを体験すると、人生好循環となり、同じことを

やっても生きる上で大きな差（自信）となります。

働き盛り（三十〜六十歳くらい）の方へ　――副業を探す

民間企業では、年功序列や終身雇用が消え、雇用制度も変わり、昇給が保証できない現状となっています。ＩＴ業界を中心に、個人の能力を重視するようになり、副業（複業）を奨励する企業も増えています。将来を考えたとき、大手企業や銀行なども、「新」に興味を持つ若者に副業を奨励すべきです。優秀な社員（考える人）ほど、副業が向いています。

大半の企業で、国境や業種の境がなくなっている今日、副業を考えないと生き残りができない状態になっています。前章で銀行業界のことを述べましたが、銀行業界や大手の業界・業種によっては大幅な人員削減が見込まれており、今後は銀行への規制も大きく変わることが予想されるので（規制がなくなるかもしれません）、社内に副業を導入することは、立て直しの方向になると私は思っています。

発想塾は、ＡＩ時代を迎えた今日、従来のような「副業禁止」といった考えでは先がないと考えます。人の生き方、人生の充実を考え、日本の将来のために最適な、考える時代の副業です（発想塾は、これらにご協力させていただきます）。発想力を持った考える人材は、今後はどの業種でも、貴重な存在となっていくでしょう。

副業の方向性を決めている企業もあります。あるビール会社は副業を奨励しています。これは、本業にもプラス効果が生まれることが理由にあるようです。

他にも、インターネットを使ったユニリーバ・ジャパン。「新」の視点を持った人材を探しているヤフー。社員に他社を経験させて知見を広めさせ、社業に貢献する人材の育成を目指すキリン。

新型コロナウイルスがきっかけとなり、先行きが見えなくなった企業は、視点の違った「新」の発想力を持った人材を求めています。そして、在宅勤務が増えた社員たちには、浮いた時間を活用して、収入減となった部分を補う必要性が生まれてきています。自由な時間に次代を考え、必要とされる「新（まさに発想塾）」を生み出すことを、企業は未来の安定を担ってくれる若手（を含めた全社員）に求めてきています。激変する昨今、次代がどうなるのかは、「読めない」というのが現実ですが、ここに、自由な発想力を求める企業の必死な姿が顕著に表れています。

大きな視点で業界の変化を読み解く訓練も必要になってきています。発想塾の必要性は、ここでも大きく求められるでしょう。

総じて、副業は本業とコラボレーション効果があるものがいいのです。発想塾は、本業に具体的なプラス効果を生み出すことを目指しています。生きがいと仕事の成果を同時に叶えられる効果を生み出すために、副業探しが必要となっている今、発想塾を活用することがうってつけなのです。

自分を磨き、高める、喜びの時代。人脈を開拓し、見聞を広げ、経験を活かし、視点を広げると、「新」が現れます。これに挑戦していきましょう（特に三十、四十歳代は成功率が高いです）。

今後の仕事は、長時間労働・体力勝負から、ＡＩを中心とした、専門性の高い、質の勝負となります。さらに従来の仕事（作業）の大半は、ＡＩ化となります。未開部分の「無から有（新）」を生む仕事、考える仕事が、人間本来の存在（喜び・充実）感のある仕事となります。それはまさに、発想塾です。

セカンドライフ（六十歳以上）の方へ
――第二の人生を発想塾で創業する

退職後も、今までの仕事経験を生かして、社会に貢献する活動をしましょう。社会的定年はあっても、人間としての定年はありません。一〇〇年人生を前向きに考える人は、体力の低下はあっても、脳の老化は遅いといいます。頭を働かせて脳を活性化し、ドーパミンを多く出すこと、好奇心を持つことです。楽しい人生は、ここから始まります。

六十歳からは「第二の人生の始まり」と考え、今までの経験、ノウハウ、人脈を活かして、心は若き世代に戻ること。これはＡＩにはできないことです。「人生を楽しむ」「今が最高！」「今が一番若い」「俺は頑張る！」「人生、今が創業期」と、情熱を持って本気で突き進み、人生の貴重な経験を、後世のために遺すのです。自分が好きなことに時間を忘れるくらい没頭できることは、すごく脳を活性化させ、若返ります。

六十歳でも八十歳でも若々しい人がいます。二十歳でも老化している人がいます。老化というのは肉体の年齢ではなく、いつの間にか自分で仮想年齢を決めて、「もう終わりだ。私は無理だ」と壁を作っているだけなのです。

アップル社の創業者の一人であるスティーブ・ジョブズは、スタンフォード大学の卒業式で講演した際に、こんな言葉を残しています。

「もし、今日が人生最後の日としたら、今日やろうとしていることは本当にやりたいことだろうか？　と自分に問いかけて、『ＮＯ』という答が毎日続くようであれば、それは自分の生き方を見直せということです」

発想塾では、七十歳の青春の皆さんも、社会（日本）を元気にし、さらに良くするために参加されて、一生懸命に頑張っておられます。「私には無理だ」と否定せず、「できる」

「やってやる」「面白い」という言葉ばかりです。身の回りに、テーマはいっぱいあります。道路の段差を見つけて、「何とかしようじゃないか」、これが青春発想塾です。

そして、こんなふうに発想塾を体験した高齢者たちが、幼児から中学生くらいまでの子供を集めて、「周りを良くするために（発想塾仕込み）考える塾」をひらこうとしている姿があります。小さな子供には、折り紙、新聞紙、お箸、輪ゴム、粘土、段ボール、ヒモ（糸）、アクリル板、針金、コップなど、身の回りのものをそれぞれ自分の好きなように加工させて、考える力を磨くことを指導します。さらに、社会（周り）を良くするためには「どうすればいいか」と考え、「凄い！　スゴイ！」と子供たちを沸き立たせて、自信をつけさせ、成長させています。他にも、ゴミを拾うなど「新」の社会奉仕から始める発想塾入門シリーズもあります。

これらすべて、発想塾の入り口を学び、人間力を高めることから、皆さん指導を始めています。このような活動を発想塾では体系化して、全国に前向きな仲間を募っていきます。

高齢者の方へ　――頭を使って働き、遊びをお金に

人は老化していっても歩行力や体力が突然落ちることはありませんが、頭を使わなくな

ると、能力の落ち方は急降下となります。高齢になっても頭を使って働く、それもワクワク感を持って働くと、思考や判断して行動することを司る脳の「前頭葉」という部分が活性化します。

発想塾などで想定外のことに遭遇すると、脳に良い効果を生みます。

そして、遊び感覚で考えることが結果、仕事につながっていくことは、最高の仕事であり生きがいです。また、遊びがお金になることも最高です。そんな仲間を周りに作り、歳を寄せつけない若い老人になりましょう。

子供（二十歳以下）を持つ親御さんへ　——考える教育と、子供が成長する叱り方

文部科学省による「全国学力テスト」が始まった二〇〇七年からの十二年間で、十回も第一位となっている秋田県。その県内でも、人口約二千六百人ほどの「東成瀬村」がトップだといいます。東成瀬村の教育長、鶴飼孝さんは、以下のような話を広く伝えていらっしゃいます。

①受け身ではなく、自分で深く考えることを導く「探求型授業」

②「自主的に」考え、自分の意見を持って議論する姿

③授業に「知的好奇心」を持って学ぶ姿を目標に指導している

また鶴飼さんは、今の教育は生徒にとってつまらない一方通行の授業（答が決まっている、教える授業）を行っている。「ちゃんと聞きなさい」と注意したところで、効果は期待できない、ともおっしゃっています（※この話は、致知出版社の月刊誌「致知」二〇二〇年一月号に掲載されていたものです）。

また、こんな保育園もあります。栃木県足利市の「小俣幼児生活団」という保育園では、人間が持つ自己治癒力のように、幼児には自分で学び成長する「自己学習力」が備わっているという、イタリア初の女医、マリア・モンテッソーリの理論を積極的に取り入れ、それを教育方針にしています。歩くことを覚えるのも、食べることを覚えるのも、自己学習力です。この保育園ではさらに、アドラーの心理学の中の、大人と子供を対等に捉える考え方を導入し、叱らないことを基本として、保育士からの上から目線はなく、幼児と対等な目線で指導をしています（※この話は、致知出版社の月刊誌「致知」二〇二〇年三月号に掲載されていたものです）。

私はこれらの話からも、**覚える教育から、考える教育への変換を強く勧めます。**子供の自主性を生む教育、興味を持たせる教育が大切です。例えば、通常の勉強プラス、自分でテーマを決めて考える。東成瀬村の子供の中には、「カエルはなぜ跳ねるのか。また、跳ねる姿は？」と、自分の興味を自主テーマにして考えている子もいるそうです。

これは、子供が自分の将来の「夢」を、日々の中から生み出すことにつながります。毎日、できたこと、できなかったことを振り返り、明確にすることで、やる気が沸くことになります。毎日、小さな工夫（考えること）を何年も続けることが、凄い結果につながるのです。毎日、自発的に「考え工夫をすること」を習慣化する環境が重要であることが、これらの話からも理解できます。

これからは「これを勉強しなさい。これを覚えなさい」の従来教育と併せて、生徒が「自発的に（答のないモノを）考える」教育が必要になります。そして、先生（教える立場）と生徒（覚える立場）の上下関係も、対等の目線（立場）に変え、共に「新を考えること」に集中すべきです。それぞれの生徒が自分の将来の姿（夢）を描き、目標に向かって考えて、考えて、その努力が結果を生み、凄さが促進されていきます。その結果、素晴らしい家庭、学校、地域となり、未来をしっかり考える、立派で元気な日本国を創り上げることができるでしょう。

また、この「東成瀬村」の例、その反応は以下の三つに分かれます。
①「凄いね、私たちも頑張らないと」と言う人
②「それは小さな村だからできたのであって、私たちのところでは無理です」と否定的

な人

③「これは教育界の凄い話だが、私の地域、職場（仕事）にも生かせる話だ」と、広く肯定的に思考し、行動開始をする人（前を向いて生きる姿が感じられます）

この話をどう捉えるかの中に、その人の生き方が表れていると思います。その差は、人生において大きな差となっていくでしょう。

この項の最後に、子供への叱り方についてお話ししておきましょう。周りの大人が、「ダメ」「やめなさい」「○○をしなさい」などといくら叱っても、子供は成長しません。むしろ後退します。本人が、自分が悪かったと反省し、その心からの反省心が前向きな心を呼び起こし、自主的に進化しようと、学び、考えることを始めるからこそ、次なる大きな成長につながるのです。つまり、心からの反省心を常に持っていることも、人の成長には重要なのです。

叱り方の工夫は、子供がポジティブ思考になるためにも重要です。「叱られた」というマイナス波長から、子供が自分の考え（行動）を見直し、さらに前向き（プラス波長）になれるような指導をすることです。これは、「凄いね！」と褒めることで反省を促す叱り方であり、発想塾内で提案しているヒント（テーマ）でもあります。詳しくは塾内で学んでみてください。

発想塾を職場で取り組むと、優れたベース人材が生まれる

今後、どの業界の変化のスピードも速くなり、ＡＩ化、そして新型コロナの関係もあり、これからの十年間で過去三十年分の変化をします。さらに、人の仕事の大半がＡＩ化となり、大半の業種で人が不要となります。また、企業においてＡＩの導入が同業より遅れることがあれば、民間企業では廃業・倒産の可能性があります。人からＡＩで可能なものは即時、ＡＩ化への取り組みをしなければなりません。難しい時代となっています。

このような中では、変化をピンチと捉えず、「チャンスだ！」と前向きに捉え、急激な変化の先を行くことです。この「先を行く」ことができるかどうかにかかっています。

発想塾では業種ごとに（すべての業種への対応は難しいのですが、塾生の協力もいただいていきます）、次代を読み解き、次代に必要なモノを大きな視点で捉え、考え、異次元に近いものを提案していきます。

発想社内塾の参加者は、楽しく考えることを学び、仕事に大きく貢献します。未来に向けた「新（製品・方法）」が生まれ、「凄い」改善が生まれ、みんなが沸き立つことでコミュニケーション力が上がり、チームワークを生み、人間力を高め、次代を見据えた収益向上、結束力のある元気な企業づくりのベース人材となります。

企業間の商売心得

企業間、特に同業者間は、ライバルではありますが、敵対関係ではありません。相手を憎んで敵として考えてしまうと、自社も、他社も、自分もダメな方向に行きます。「共に成長し続けるライバル企業」と考えることです。そのように考えると、自社も、他社も、自分も良くなるのです。

※この考え方は、企業間だけでなく、同じ職場や近隣の人間関係、学校同士など、すべての関わりの中においても同様です。敵ではなく、互いに良くなるための成長を目指しているライバル関係なのです。相手を「羨まない」「否定しない」「上から目線で見ない」ことに加えて、共に良くなることを考えましょう。

仕入れ先に対しても、こちらが買う立場であっても、都度「安い価格を要求する」ことは、立場が上からの目線であり、相手を人ではなく物として見ていることになります。そしてこれが常態化すると、長い目で見れば大きな損（マイナス）を招くことになるのです。なぜなら、相手の人（企業）から、「感謝（善波動）」ではなく「不満（悪波動）」をいただくことになるからです。すると、個人も、自企業も、そして相手企業の関係者様も、共に運気が下がっていってしまいます。

もし、価格などで合意ができない場合には、合意できない部分の問題点を明らかにして、互いに相手の立場になり、共に問題解決の道を見つけることです。

共に良くなるためには、目線のレベルを合わせての交渉（相手を思いやる心で臨むこと）を心がけることです。お互いに思いやる心は善波動を呼び込み、共に成長し、幸せを呼び込む姿となるのです。

このとき間違ってはいけないのは、自分の言いたいことを引っ込めてしまったり、主張しなかったりということではない、ということです。主張すべきことは、はっきりと主張して、お互いが笑顔で交渉することが基本です（不満を残さないことです）。

自分の周りで発せられている雰囲気（波動）を、常に良いものにして、個人・企業が互いに運気を上げることです。そして運気が上がることにより、充実した未来のある幸せ人生（企業）となります。

第五章　発想塾は未来を楽しく生きる姿を創造する

現代の若者たちを救う「考える教育」

本来、日本人は世界で最も発想力の優れた国民ですが、ＧＨＱに始まる戦後の「枠内教育（私の造語：先を考えない、覚えるだけの教育。今日の平和ボケにもつながっています）」により、アメリカをはじめ世界から大きく遅れてきています。このままいけば、中国やロシアなどの後塵を拝することになるでしょう。

その例が、ＧＡＦＡ（ガーファ）と呼ばれる、グーグル、アップル、フェイスブック、アマゾンなどであり、すべてがアメリカから生まれた戦後企業です。これらのＩＴ企業は、当初はほぼ個人創業に近い会社ですが、自由さを基本に置き、時代が求めている**未知のものを楽しく考えること**を基本にして創業し、今日では世界企業となっています。

ＡＩ時代となった今日、特にこれからは、「こんなこと（モノ）が必要では？」と未知のモノを考えることが未来を拓き、仕事につながっていきます。ＧＡＦＡの創業者たちも、こんな便利なモノがあればと考えて、それを実現する手段を学ぶために目標の大学に進み、「新」の夢を追い続けて、今日のＧＡＦＡと呼ばれる企業群にまで成長させたのです。

この現実を見ても、日本はアメリカに大きく後れを取っています。また、中国は近年、国を挙げてＩＴ分野で世界を凌駕しようとしています。十年後、二十年後の時代を考えれば、日本も遅れずに、ＡＩと人間の共存を考えることが重要になっています。

世界の生命学の根源、ゲノム解析の研究においても、日本は後塵を拝しており、将来が見えてこない危機的状況に置かれています。

さらに、現在の若者の多くは、結婚をしない、すぐに離婚をするか別居をする、定職に就かない、そして派遣社員や臨時社員、アルバイトで働くという中途半端な状況下で、不満を抱えながらもなんとか生活をしています。先人から貰った平和に埋没した日本人の若者たちには、将来展望（人生計画）が感じられません。「こんな状態では、若者たちに将来を任せられない。日本の未来に不安を感じる」と考えている方が多くいます。

一方、政治家の方々からも、先（将来）を考えていない姿が見て取れます。政治家としての信念がなく、平和ボケしており、人や他党の批判はしますが、自分としての目指す方向を感じられません（特に、他国に対する方向性、国の将来への方向性が感じられません）。政治家たちのこの姿は、将来の日本を危機的状況に陥れることにつながっています（詳しくは本章内「発想塾幸せ重点　五項目」の①をご参照ください）。

これらを解決するために、発想塾活動は、目標のない若者たちにまず自分や国の現状をよく知っていただき、未来の目標を見つけて、「考えることが幸せにつながる」ということを知っていただくという指導も、大きな使命と感じています（あなたのご家族や身内の中の若者を、未来をしっかりと見つける人間にするために、発想塾とのご縁を考える方は早速、入塾のご検討をしてみてください)。

日本の今の教育は、記憶力や暗記力などの覚える教育が主で、**考える教育からは離れています。**例えば、歴史教育などを見ても、暗記(何年に何があったかを覚える。これがテスト問題にもなっている)が主の詰め込み教育です。本来は、その時代は今の時代と何がどう違っていたのか、歴史の影響、意図を知り、それを今の生活や将来の生活にどのように生かすかを考えるということが重要なのですが、そんなことは全くできていません。また、こうした考える教育は、学校のテスト問題としては答が明確ではないために、現在の教育システムでは取り組みにくいといった問題点もあります。

一方アメリカでは、歴史の背景を自分の頭で考え、そこから行動することに重きを置いた学校(中・高・大)教育に没頭する姿があり、日本の暗記型、詰め込み教育とは違う部分が多くあります。

日本の学校教育では正解(答)がある勉強をし、テストや受験でも、学校で教えてもらったことの中から答を書きます。一方、発想塾では、日々の体験、周りの自然界で起きている現象を通して、今までにまだ得られていないモノ、答のないモノを、ワクワク感を持って、未来社会に役立つモノ「新」を面白く考え、時にはグループで、時には一人で独自の答を導き出す人を育てています（答は一つではない場合が多く、それぞれの答に自由度があります）。

仕事を通して充実人生を

ＡＩ時代の今日、四十年間の就業（仕事）人生を充実させるためには、従来の繰り返し的な仕事から、人としての本来の仕事である「考えながらする仕事」に取り組むことです。それは、成果を出しながら、四十年間の仕事人生の目標（ストーリー性のある人生）に向かって、楽しさを伴った仕事に就くことです。これはまさに、発想塾仕込みです。

四十年の歩みの途中には、厳しいことやトラブルもあるでしょう。しかし、周りで起きるすべての現象は、自分の選んだ結果です。諦めずに、改善、改良、「新」に向かって、考えて、考えて、考えながら、一歩でも進化させようとする取り組みは、あなたの輝く人生を築きます。

人生を、逃げずにしっかりと歩むことは、周りからの「凄い！　スゴイ！」の言葉と共に、信頼を得、充実した人生のゴールを得ることにつながります。

すべての現象、結果は、自分以外の他の誰に責任があるものではありません。だから愚痴を言うことではないのです。むしろ、未完成な部分があっても「感謝」なのです。日々、感謝しながら諦めずに頑張ることは、後世に続くあなたの家系をも素晴らしく輝かせ、後継者をも輝かせ続けます。発想塾は、ＡＩ時代の今日、考えながら頑張るあなたがさらに良くなるためのお手伝いを喜んでさせていただきます。

ゲーム依存症からの脱出

先ほど、政治家のことを申し上げましたが、それは家庭においても同じです。目の前でゲームをしている子供をしり目に、親も自分の世界に埋没し、会話やコミュニケーションのない家庭、愛のない閉鎖的な家庭生活が増えています（子供への虐待や放置も、ここに原因があります）。時代が変わり、三世代同居世帯がなくなり、お爺さん、お婆さんと子供や孫との会話、触れ合いがなくなったことも大きく影響しています。

目先の楽しみ、例えばギャンブルやパチンコ、酒を飲み歩くなどの逃避によって「楽しさ」「喜び」を感じ取ることを体験すると、人間は愛情を忘れてそれらに没頭し、逃げられなくなります。過剰なドーパミンが脳の前頭葉を刺激し過ぎ、正常な善悪の判断ができる状態を超えてしまい、自分だけの喜び、楽しさを感じ取り、それが悪癖（常習）を呼ぶこととなる回路を作り、依存症人間となっていくのです。これは非常に危険な状態であり、ゲーム依存症や鬱病のメカニズムも同じです。学生であれば友達を失い、学校内で孤立し、登校拒否をするようになります。

また、最近では以下のような問題光景もあります。母親がスマホを見ながら乳児に母乳を与えている姿です。乳児は母乳を飲みながら、自分に義務的に母乳を与えている母親を見て、愛のない現実を感じ、その結果、愛を感じ取れない子供に育つといわれています。注意したいものです。

これらの危険から脱し、愛のある沸き立つ家庭、沸き立つ学校を実現するためにも、コミュニティのある、全員参加、自分が主役（存在感を感じる自分）となれる発想塾への参加は、大きな効果となります。

今日、問題となっているゲーム依存症や鬱病から自主的に脱出するには、対症療法も大切かもしれませんが、発想塾は、塾に参加したそれぞれの人を主役として、社会に役立てる「沸き立つ気持ちを持ってもらうこと」を主眼に置いています。発想塾では、ゲーム以上に面白いものを見つけることができるのです。

与えられた（周りにある）ものから、今までにない新しいモノを生み出す、さらに美しくする、不便なことを便利にするなど、自分で考えて面白い方向付けをし、「凄い！　スゴイ！」の言葉が連発することで、周りの人とも弾んだ元気な会話ができるようになります（これは家庭内でも同じです）。

ゲーム依存症の人の多くは、受け身型人間です。そして、ゲームを制限することでは、ほとんどの人が依存症を改善することはできません。改善させるには、受け身型人間から、主体性を持った積極人間になることが重要です。ここに、ゲーム依存症を脱する秘訣があります（詳しくは塾内で）。

0から1へ進むには

- 何がしたいのか、目的（最終ゴール）を決め、考えることから始まります
- 広い視点で考えることです。三六〇度、上下左右、周り全体から考えます
- 一本の道を作ること。簡単に、単純に、一言で言えること
- そして何よりも、自分が好きなこと。経験からくる直観力を持つこと。知的生産性（進化・成長）があること
- 強い好奇心を持つと探究心に変わります。「なぜ？　なぜ？」を繰り返して答（閃き）を導き出すこと。空想的な答でもいいのですが、何度も「なぜ？」を繰り返すこ

とで、真の答（成果）に結びつきます
・考えた答は、社会が認める答であること
これらはすべて、自分を肯定することから始まります。すべて、あなたが主役なのです。

ワクワク感・感動を呼ぶ毎日を

発想塾は、「たぶん無理だろう」「妄想だ」「たぶん○○だろう」と、結論を他人事のように推測したり、否定的に考えたりするのではなく、白紙の気持ちで、「自分のこと」として、「なぜだろう?」と考え始めることから始まります。常にプラス思考をする、「これは面白くなる」「凄いことになる」などの思考パターンが重要です。

自分からの前向き思考の〝発振〟は、周囲の明るい共振を生み出します。この発振や共振はフォトンという素粒子です。その場にある雰囲気を作り出す波動で、実体があることが証明されています。肯定的な意見、明るい雰囲気がある場合には、それらを加速させます。逆に、その場に否定的な発言、マイナスな雰囲気があれば、フォトンは悪い雰囲気を加速させます。

つまり、このフォトンの波動は、良い雰囲気のときも、悪い雰囲気のときも、周りの人を共振（増幅）させるということです。人が発する波動（フォトン）は、このように善波動も、悪波動も共振（共鳴）させるのです。故に、常に前向きな人は、明るく前向きな波動（雰囲気）を発振するため、それが周囲の共振を生み、さらに素晴らしい人生となるのです。

発想塾で成果を挙げることにより、周りの人が認め、「あの人は凄い」「あの人に相談すれば凄い何かが見つかるのでは？」となり、フォトンの善効果により、素晴らしい沸き立つ人生を一生歩むことになります。

発想塾の基本を身につけると、仕事、学び、遊びなどの生活の中で、創造性や感性を司る右脳思考により「面白い！」のワクワク感を呼ぶと共に、「凄い！」を呼び込みます。人は通常、理論や理性を司る左脳で当たり前に考え、日常の勉強や仕事を含むすべてを左脳で処理していますが、右脳の積極参加により、今まで当たり前だったことを再考する癖がつき、周りのすべてにスパークさせ、閃きが生まれることになるのです。

ＡＩ時代を迎えた今日では、ＡＩを超える「新」を生み出す、閃きを持った人が重要になります。お客様が喜ぶ「新提案」も、閃きから生まれれば凄いものになります。

発想力が高いのは朝一番です。脳のゴールデンタイムを活かすことを毎日テーマに決めて、何か考えてみてはいかがでしょう？　また、集中力があって深い考え方ができるのも朝一番です。これらの朝のゴールデンタイムを積極的に活かしましょう。

誰かが何か発想したとき、普通の大人から見ればくだらないと思うことにも、未経験の子供や若者は感動します。歳を取るほど感動しなくなり、何に対しても無関心な気持ちが大きくなってきます。しかし、子供感覚で自分に感動を呼ぶことが重要です。感動の数が多い人（子供と同じくらい）は、歳を取っても常に若さを保っています。柔軟な発想力は、スパークするための大きな要因です。大切に育てましょう。

人生、日々、プラスもあればマイナスもあります。その中で一見マイナスと感じるものを、いかにしてプラスに変えるか、そんな鍛錬をすることも重要です。

発想塾の必要性　――日本版「ニューディール政策」

• 日本は人口構成が逆台形となり、高齢者が増えています。この高齢者の方々にもう一度夢を持っていただき、今まで働いてきた経験を活かしつつ、「新」への発想力を高め、自分が生きてきた精一杯の姿、「証」を、仲間と共に遺すという、元気な場づくりも重要です。
• アメリカのフランクリン・ルーズベルトが、世界恐慌を乗り切るために一九三〇年代に行った経済政策が「ニューディール政策」（新規巻き直しの意味）です。今、日本を夢のある国に再構築するためには、日本版のニューディール政策が必要と私は考えています。みんなで夢のある日本を再構築するために、積極性向上政策、「新規巻き直し」に、発想塾活動を通して取り組みましょう。

・いつの時代にも、誰かの発想から「新」が生まれます。発想塾活動で、新商売、新技術、新分野、新製品、新提案、新空間、新企画、新方式、新政策など、「新」への取り組み（考えること）を行うことが、人々の生きがいを生み、やる気を生むことになります。日本国民のすべての人がそうなれば、凄いことになります。

・仕事のスタイルも大きく変わろうとしています。「働き方改革に始まり、副業が許される時代」に入っています。人間らしく、やりがいのある副業を求める時代です。

・子供も、発想塾に参加して、枠に囚われない自由な発想（考えること）の場を経験することで、みんなが発想力のある元気な家庭・地域（国）が実現します。考える子供を育てるためには重要です。将来、未来に頼れる人間になってもらうためにも、発想塾は、子供発想塾には特に力を注ぎます。

・沸き立つ元気な家庭の一例として、こんなご家族がいます。あるとき子供さんが、お爺さんが空き缶やゴミの仕分けに困っている姿を見て、磁石を使ってアルミ缶と鉄缶に分ける方法、そして風を使って紙と鉄類に分ける方法を発明し、特許を取得しました。このお子さんのご両親とお爺さんは、「自慢できる子だ！」と、喜びと感謝を周りに広げたそうです。まさに、沸き立つ明るい家族を実現しています。三世代同居すれば、このように「新」が生まれやすい環境が出来上がります。今日、核家族化が進む中で三世代同居は難しいことですが、とても重要なことなのです。発想塾を通して、沸き立つ家族の実現をしてほしいものです。

※参考：沸き立つ家族は、常に周りへの感謝と、自己肯定（幸福）感を発振しており、これが良いフォトン波動の共振を生み、より素晴らしい家族を実現することにつながっています。

・これまでは、「新発想」を生み出すための場もなく、指導をする人もいませんでした。「指導者」となると、机上論ではなく発想実績が数件ないと否定的に捉えられることが多く、指導者となることには難しい現実があります。しかし、将来のためにも、何事も肯定的に捉え、まず自分が元気になり、続いて周りの人を元気にして、地域に貢献するためにも、発想塾を受講されてあなたが指導者となり、頑張っていただければ最高です。

・発想塾を体験すると、老若男女の誰もが身の回りの安全性、便利さ、優しさ、相手

（顧客）の喜ぶ姿、効率などを求め、自分にできる発想力を常に意識して、夢を持ち、前向きさを持ち続ける日々を送るようになります。自分が主役の人生を謳歌でき、さらに実績を積み重ねることで「感謝人生」の理想像が実現します。「あれは私が創った（生んだ）」と、実績を遺し、自慢できる人生を歩んでほしいと願っています。

・近年、中高年層（四十～六十四歳）の「引きこもり」が若年層を上回り、急増していると言われています。こうした結果を招いているのは、人生の中にワクワク感がないことだと私は考えます。引きこもりは、ＡＩ化が進んでいる今日、「枠内教育」を受けて自分の存在感を失った人間の行き着く場なのです。発想塾は、ＡＩには難しい「新を考えること」により、人生を盛り上げ、ワクワク感を醸し出します。

・景気が悪くなると、政府はインフラ整備を高めることで消費経済を活発化し、これを日本経済を立て直す手段としています。発想塾の活発化は、その経済成長を積極的に行い、財政再建を担うのと同じような手段でもあるのです。新型コロナウイルスが蔓延している今日においても、活発な日本を取り戻すために必要な取り組みです。ウイルスが落ち着くまでは、あなたも本書を熟読して準備をしておいてください。

・発想塾への参加者は**それぞれが主役**です。瞬間、瞬間に生きがいを感じながら生きる生き方は、これからの時代、特に日本にとっては、誰においても重要であり、必要です。発想塾は、生活の中に生きがい、若さをもたらし、夢の実現のお手伝いをさせていただく塾です。さらに、発想塾の最終目標は、先達が築いてきた日本の良さをフルに発揮し、国民が考え、国力を高め、安全で、みんなが夢を持ち、明るい未来を描き、世界をリードする沸き立つ国家、団結力のある強い日本国を創り上げることです。

発想塾なら引きこもりの人も夢や未来を見つけられる

対人関係の重要な点は、人を肯定することです。発想塾の基本は、何があっても「凄い！　スゴイ！」の言葉をかけ、周りの人みんなを元気にし、やる気にさせることだと、私は言い続けています。

最近多い「引きこもり」は、二十代から七十代まで幅広い年齢層でいます。彼らは常に自分を責めています。責任感を、「自分が悪い」という自己責任にして、自分を責めることから引きこもりになっています。正直で真面目な人に多いのです。周りから「〇〇しなさい」「外に出なさい」「働きなさい」などと責められると、なおさらひどくなります。これは悪化させる方向（真逆）なのです。

その人（子）を信じる、認める、褒める（肯定する）ことが改善につながります。発想塾ではどんな小さなテーマに取り組んでいるときにも、「凄い！　スゴイ！」と、その人や周囲をを沸き立たせます。さらに自信を持たせるためには、親御さんが子供に対して、「あなたを悩ませてごめんなさい」と謝ることです。するとその子は、親は自分を信じてくれているのだということに自信を持ち、心をひらき、学校や社会に復帰します。「自分を信じることは、周りを信じることにもつながる」ということにも気づきます。

自分を肯定してくれる人（周りの人や親など）がいるのだということを知り、学校へ行く、仕事に就くことなどを自分で決めて動き始めた人には、そこでさらに、「凄いね！学校（仕事）に行ったんだね」と肯定します。これを繰り返すことで、社会からも認められている自分がいることを知り、引きこもりから完全に脱することができて、学校へ行くこと、仕事をすることが続くようになります。

人は、社会（周り）から認められている（肯定されている）ことを知る（感じる）と、自主性が活性化して、夢と目標を持って積極的に活動するようになります。発想塾には、「すべてを肯定する」という基本があります。誰もが積極的に参加したくなる塾です。

みんなで元気な日本創りを

国民みんなで、そして日本の老若男女が、地域が、学校（幼・小・中・高・大）が、職場が、さらに家庭が沸き立ち、夫婦間も沸き立ち、世界に類を見ない、元気で立派な日本を、発想塾活動を通して創ろうではありませんか。

子供にはもともと「考える力」がある

優秀な大学に入る子には「どうして？　なぜ？」を追究する子供が多くいます。小さな子供にとっては、周りのすべてが「？」なのです。興味を持って質問をしてくる子、考える子に対して、「凄いね！」と褒めることでさらに成長します。

成長を止めるのは親のせいです。幼児期からの訓練です（小さいほど良い）。常に「好き」「面白い」と思いながら考えることができる子供に育てましょう。親が子供の邪魔や否定をしないことです。「考えること」は人生において、もっとも大切なことです。若くても、歳を取っていても、考えることが求められます。これを喜んでやる子が、凄い結果を出します。強制することではないのです。

子供を伸ばす教育

子供の沸き立つ姿は、凄い未来を拓きます。子供にとっては、周りのすべてが未知です。何でも面白く、何にでも興味を持ち、何でもやりたがります。教室のドアにひもを結んで自動ドア。丸太でいかだを作ってプールで騒ぐ。帽子を逆にかぶってはしゃぐ。一本の棒で、ひもで、砂場で、子供はいつも身近なものを見つけては本気で取り組み、その場、その場を楽しんでいます。

この子供の行動・思考を大切にして、伸ばすのが発想塾です。その子が興味を持ち、集中して「考える」ことの自主性を伸ばしてやるのです。間違っても、逆の「叱る」ことはしてはいけないことです。

今、学校教育では教科書どおりの「教える教育、覚える教育（枠内教育）」が行われていますが、今後は、子供自らが自分で未経験部分を考える喜びを知り、周りが「凄い！スゴイ！」と褒めて伸ばす教育が必要であり、それが将来その子を大きく成長させることになります。

このような中で、子供の能力・自主性・やる気を一層向上させ、かき立てるテーマを、皆さんで考えてみましょう。

「考えること」の必要性・重要性は、多くの方から「同感だ」という意見をいただきます。「考える塾」を主旨としている発想塾の運営形態は、子供塾に限らず、あらゆる分野で必要となってきます。例えば、現存する学習塾も、今後は他の塾との差別化を図るためにも、学習塾内に発想力を生む「未来発想塾科」を作る。企業コンサルタントには、すべての業界で起きつつあるＡＩによる大変革に対して、その未来を読み解き「新」に向かって考える力、即ち発想塾指導が必要となります。また、大学内にも「発想学部」を新設。企業内には、将来を見据えた「新発想力事業部」。さらに、政治家は議会内に、未来を見据えて考える「国会（県・市・町など）発想クラブ」を作るなど、他にも、地域に、家庭に、子供に、学校に、放課後の児童クラブに、レストラン内に、業種ごとにも、時代が求める「新」を考えて、考えて、考える発想塾が必要となるでしょう。周りを見渡せば、子供だけでなく、国民のみんながそこに楽しく参加する姿が思い浮かびます。

子供が「自分で考える」発想塾の入り口例

- 変《か》わった風鈴《ふうりん》を作《つく》ってみよう。
- 鎧《よろい》を、折《お》り紙《がみ》で作《つく》ってみよう。

・スゴイ！　と言《い》われるような鶴《つる》と亀《かめ》の絵《え》を描《か》いて、お父《とう》さん、お母《かあ》さん、お爺《じい》さん、お婆《ばあ》さんに、「長生《ながい》きしてね」と言《い》って渡《わた》そう。
・トンボやチョウチョウを捕《つか》まえる網《あみ》を作《つく》ってみよう。
・小鳥《ことり》を捕《つか》まえるには、どうすればいいかな？
・濡《ぬ》れた手《て》を乾《かわ》かすには、どんな方法《ほうほう》があるかな？　エアータオルはもうあるので、他《ほか》の方法《ほうほう》を見《み》つけよう。
・雨《あめ》が降《ふ》ればカサをさすけれど、他《ほか》に、簡単《かんたん》で濡《ぬ》れない方法《ほうほう》はないかな？
・靴《くつ》のひもを面白《おもしろ》くしてみよう。
・上着《うわぎ》やシャツの襟《えり》に、みんなが驚《おどろ》くような飾《かざ》りをつけてみよう。
・開《あ》けてビックリな、自分《じぶん》の似顔絵《にがおえ》を考《かんが》えてみよう。
・幸《しあわ》せいっぱいな気分《きぶん》になる靴《くつ》を考《かんが》えてみよう。
・「ウ、三《さん》、棒《ぼう》、棒《ぼう》、八《はち》、点《てん》、点《てん》」
これは、ある漢字《かんじ》を表《あらわ》しているよ。なんの漢字《かんじ》だろう？

（子供の頃にこのようにして覚えた漢字は忘れないものです。漢字に強い子供になります）

親御さんやお爺さん、お婆さんも、子供が考えてモノづくりをしているときに、隣で一緒に作って、「こんなモノができたよ」と言って、子供が興味を持ち沸き上がる雰囲気をさらに盛り上げてみてください。子供も、「よし！　僕も頑張って作ろう！」となり、沸き立つ良い家庭が実現し、子供の将来人生に大きなプラス効果を生みます。

発想塾幸せ重点　五項目

幸せ重点項目①　人もモノも未完成

世の中に、完成しているものはありません。人間も、人の生き方にも、周りのモノにも、一〇〇％の完成品はありません。どれも未完成なのです。未完成の人やモノに対して、いくら不満を言っても、進化は得られません。真の人間の使命は、未完成人間、未完成品を、完成品に近づけるには「どうすればいい？」と常に学び、考え、進化させることです。そして、その使命があることに感謝することです。世の中は、完成品に向けて考えることが、生きがいを生む仕組みなのです。

人に与えられた使命は、「さらに」良くすることであり、文句を言うことではありません。良くすることで得られる喜びを知ることが、人生の目標（充実感）となるのです（これは発想塾の基本的な考え方です)。

ウォルト・ディズニーは、「ディズニーランドが完成することはない。世の中に想像力がある限り、進化し続けられる」との言葉を残しています。

そうなのです。周りのすべての人、モノは未完成です。自分も、家族も、地域も、職場も、周りに存在するすべて、地球全体のすべてが、未完成の姿を見せているのです。この未完成に対して(周りに対して)、不満や批判(特に人に対して)を言っている人は、自分の未完成部分を横に置いて、「自分は正しい(完成している)」という誤った判断をして、周りが悪いと発していることになるのです。本章内「現代の若者たちを救う『考える教育』」の項で、政治家が人や他党に対して批判的な発言をしている例を記していますが、これもこの項目に当たる例です。

人も自分も未完成であることを知った上で、長所を見つけて褒める、感謝の言葉を発することから始めると、周りからの信頼も高くなります。人付き合いは**「美点凝視」**が、私たちにとって重要な生き方です。

現在に感謝しつつも、気がつくことがあれば未来(将来)を思いやって、「こうすれば良くなるのでは?」と、人に対しても、モノに対しても、不満ではなく**考えて提案すること**が、社会を良くすることになります(**発想塾の方向性は、ここにあります**)。

最近では、世界を混乱に陥れている新型コロナウイルスがあります。これは、グローバル化して実質的に国境がなくなっている今日、人類が体験する世界的な混乱です。「どうすればいいのか」は誰にもわかりません。国によっても家庭（個人）においても、対応がマチマチです。国のトップの判断に対しても、評価する人、ダメだと評価しない人、対処法やマスクを考える前向きな人、自宅待機方法を考える人、学校へ行けない、人の集いができないと嘆く人、職場にも病院にも、これらの人が溢れています。しかし、不満を言うよりも、多くの窮地《ピンチ》の中から学び、積極的に夢を持って未来を見ましょう。これらに対処した次代の日本（世界）の素晴らしい姿を、考えて、考えて、考えて、批判ではなく、あなたとしての「新」の対策案を、周りに提案することです。

※このようなことを考えるのは、私だけではないと思います。詳しいことは、長文となるため省きますが、周りの未完成な人やモノを、一歩でも良くすることは、人に与えられた基本です。そして、改善を考えることで生きがいが生まれ、それがさらに大きなビジネスチャンスとなる場合もあります。未完成を認識して、認める一方で、常に改善を考えることが大切です。

発想塾は未来に向かって語る（考える）ことであって、間違っても批判や愚痴は過去のマイナスを語ることではなく、これらは未来の夢を描くことの真逆です。前に向かって未来を語る（考える）ことが大切です。

幸せ重点項目② 日本の教育を「覚える教育」から「考える教育」へ

発想塾は、塾長が師ではなく、塾生が師となります。これは、皆さんがイメージしている逆（まさに発想塾）です。塾長（リーダー）は、熟生から教えてもらうのです。例えばこんなふうです。

「この鉛筆、昔、誰かが考案したんだね。誰でしょうかね。教えて？」

「このメガネ、もっと改良したいのですが、いい案はないかな？」

「今日、学校（職場）や家で、困ったこと、不満に思ったことはありませんか？　教えて」

また、「この問題の解決策を、みんなで一緒に考えてみよう」という働きかけもします。

ＡＩやＩＴだけでなく、全分野で現時点では答のないものを見つけ、「考える」のが、発想塾で行っている人間未来塾（夢の実現）です。

今の日本の教育システムは、他の人（先生など）が作った問題（答が決まっている問題）に答えるという方式ですが、このシステムからは、真の考える力は生まれません。覚えるという受け身教育（疑問・疑いを持たないこと）が中心で、攻めの教育（「なんだろう？」と深く考えること）になっていません。一方通行のトップダウン教育です。本来は、子供が好奇心を持ち、自分で考え、自分で答を出すことが重要なのです。

これからの時代は、答がわかっているものはＡＩやＩＴによる問題解決領域になります。そして、答のない問題や課題を見つけて、その解決方法を人間が考える時代です。答のあるものを当たり前に答えるより、未知（ないもの）を考えて、考えて、考えて「新」（自分としての答）を見つけ、生み出すという考える教育が重要です（自由な視点で考えること）。これは学校教育だけでなく、家庭も、地域も、職場もすべてにおいてです。

日本の教育は戦後、アメリカから大きな影響を受け、ＧＨＱに始まる日本国憲法制定、そして文部省の規範（枠内教育）を重視した教育です。学校では子供たちに大きな枠を設けて、その枠からはみ出るような発想（行動や考え方）は、「それはダメ」「やめなさい」と、子供の個性殺しを行ってきました。このような枠内教育により、子供たちは教えられたことを覚えるだけで（戦後生まれの現在の大人も同じ）、考えない、発想力を持たない**「枠内教育を受けた枠内人間」**となっています。

答がなく、考えた末に新しく生まれる「新」が答になるようなもの、また答が一つではないものは、現在の教える・覚える学校教育では先生が指導することが難しいと言われます。特に文部科学省が進めている学校教育でそれを行うのは難しいとおっしゃる方が多くいます。発想塾の方向性、必要性は、ここにあります。

今の学校教育は、規格化された人間を生むシステムとなっていますが、これからは、AIを超えた発想力を持つ、規格外の人材が求められる時代です。特に、目立った資源を持たない日本が先進国を続けるには、これは重要な課題であり、重要な時代になります。

考えない、覚えるだけの教育を受けてきた日本人……。この教育の弊害は、国際社会・国際交流の中でも、日本人のおとなしさとして目立っているようです。諸外国が質問や意見を述べる中、何も質問をしない国、自分の意見を言わない国といえば「日本」となっています。言われるがままの国、疑問を持たない国の日本です。戦後の教育を受けた人たちは、先を考えたり、物事を自分で読み解くことを学んでいないため、自国のためでも自分の意見を言うことはほとんどないのです。そのため、何か問題が起きてから対処する癖が、日本人全体にあり、結果、すべてのことが手遅れになっています。

現在の国際問題を考えると、非常に危険をはらんでいます。周辺国が日本領土に触手を伸ばし始めていて、ロシアが北方領土を、中国が東シナ海周辺と沖縄を（北海道では多くの土地を中国人が購入しているという話も聞こえてきています）、韓国が対馬を、また、北朝鮮からはミサイルが、そして、アメリカが日本から撤退するかもしれないという話もあり、さて、日本はこれらにどう対処するのでしょうか。

本来は先読みをする（考えること）が重要なのですが、日本の教育で育ったすべての国民は「覚えること（現状を知っておくこと）」に重点を置き、それは今日も続いています。そのために、「考えること」から大きく遅れているのです。日本として、これから諸外国にどう対応・対処していけばいいのか、何が必要なのか、各国との交渉を見ていても「これだ！」というものが感じられません。出たとこ勝負では、相手国から舐められ、やられ放題となってしまいます。

発想塾は、これらを含めて先読みする（考える）ことが日本の危機を救い、脱することにつながると考えています。また、個々の将来のためにも非常に重要なことです。みんなが先を予測し、考えること、即ち危機感を持つことで、危機から脱する日本人になることを強く願っています。政治家など一部の人に任せることではないのです。国民のすべてが先を予測し、対策を考えることです。考える人材を生むことは、日本の重要なテーマであり、他人事ではないのです。あなたを含め、発想塾の重要項目でもあります。

昔から、先を考えることに積極的に取り組む人たちが多くいるのがアメリカであり、そこで生まれたのが先進企業群ＧＡＦＡです。日本の子供たちにも、アメリカのように将来を考え、「新」を見つける体験をさせるため、考え方のヒントを与えたり、本の読み聞かせをしたりすると、子供たちは「新（未体験）」への思考を始め、時には大人を超えたビックリするような発想力・集中力の凄さを発揮します。それを目の当たりにすると、本当に驚きます。

将棋の高校生プロ藤井聡太八段（十八歳）は、ＡＩを超えていると言われています。人の想定を超えたところに駒を指すから、ＡＩに勝る凄さがあるのです。ＡＩも人間が考えたソフトですから、それを上回るには、人を超える発想力があればいいということになります。

これからの時代で重要なのは、発想（思考）の自由さで勝負をすることです。発想塾が浸透してくれば、全国の地域、職場（企業）、学校、家庭など、すべての人が常に「考えること」を基本として生活するようになるため、世の中が大きく変化（進化）していきます。

未知の部分を拓くには「地頭力《じあたまりょく》」を持った「規格外人材」が重要です。地頭力とは、今までに経験したことのない課題（問題）を頭の中でグルグルと考え続けて、何らかの解決策を生み出す力を持った頭脳のことです。「規格外人材」とは、独創的な思考力を生み出す人のことであって、決して人としての基本である道徳心や人間性の規格から外れている人のことではありません。むしろ、これから独自の発想力を高める人には、さらに高い人間性、社会貢献力が求められるようになるでしょう。発想塾を進めていく中でも、高い人間性の追求を、今まで以上に重視していきます（未経験の中から、失敗の中から学び、考え、成長し、喜びを知る時代です）。

幸せ重点項目③　人が発する言葉の驚きの効果

人の悪いところを指摘するよりも、良い点、「凄いところ」を見つけて褒めること、その驚く効果を知っていただくことと、同時に逆も知っていただきたいと思います。

人というものは、周りから発せられた言葉どおりの人間になるものです（特に、その人にとって目上の人や親からの言葉）。

以下はその一例です。

■マイナスを呼ぶ例

「ダメね」↓さらにダメな人（子）になる

「勉強（仕事）しなさい」↓さらに勉強（仕事）をしない人（子）になる

「もっと優しくなりなさい」↓さらに優しくない人（子）になる

「もっと考えなさい」↓さらに考えない人（子）になる

「危険な運転をやめなさい」↓危険運転をやめない

怒った顔で言葉をかける↓怒りやすい人（子）になる

■プラスを呼ぶ例

「凄いね」↓さらに凄い人（子）になる

「もうできたの？　早いね」↓さらに早く処理する人（子）になる

「優しいね」↓さらに優しい人（子）となる

「成績いいね」↓さらに頑張って、成績が良くなる

「よく考えているね」↓さらに考える人（子）になる

「安全な運転をしていますね」↓さらに安全な運転をする人となる

笑顔で言葉をかける↓笑顔で応える人（子）になる

このように、人が発する言葉によって、相手は「さらに」その方向が増すのです。

また、これ以外にも、子供（人）を他人と比較する言葉を発しないことです。例えば「○○さんは頭がよくて、凄く優秀ね。あなたも負けないようにしないとね」などと比較されると、その人（子）の頑張る意欲は下がります。周りと比較せず、「頑張ったから良くなったね」と、励みになる言葉をかければ、以後も頑張ります。

人は、目上や家族など周りから発せられる言葉どおりの人間になることを、よく認識し

ておいてください。言葉を発する人としては、相手が「良くなれば」「良くなってほしい」と思って言っているのでしょうが、全く逆の結果を招いている現実があることを知ってください。特に気をつけてほしいのは、「ダメ」「バカ」「もっと考えなさい」「やめなさい」などの否定的な言葉です。これらを言われると、人は叱られた感が残り、その言葉どおりのさらに「ダメ人間」「バカ人間」、そして「考えない人間」「やめられない人間」となり、より否定的な行動をとるようになります。

特に、親御さんや学校の先生などが子供たちに対して発している「目上言葉（上下関係の言葉）」には注意が必要です。大人たちは目線を子供に合わせて、対等な立場の言葉で話すことを心がけるべきです。

国会議員同士のやり取りの中にも、似ている光景を目にします。相手議員が良かれと思って行動や発言をしたことに対して、「なぜそんなことをされたのですか?」と尋問的に質問をしている姿を見ることがあり、特に野党からの質問に多くあります。上から目線、人権無視、信頼性欠如、過去の行動（発言）に対しての否定的な言葉、そして何よりもいけないのは、「ダメな人ですね」と相手に言っている姿がそこにあることです。そんな質問をしている議員には、「では、あなたが前向きな提案をしてはどうですか?」と私は言いたいです。行動や発言を批判していますが、行動していない（考えていない）あなたは何なのでしょう？　何を考えているのか、目標が見えてきませんね。くだらない質問をして、時間稼ぎでしょうか？　それとも、自分の存在感を地元選挙区の皆さんにアピールしているつもりなのでしょうか？　とても残念な人であり、未来への構想のない議員さんは国会議員失格ですね、と思います。これからは、ここがダメ、あそこがダメと言うより、「あなたの考え方をこう変えれば絶対に善くなりますよ」と相手を思いやり、自信（確信）をもって言うことです。これによりお互いの信頼感が高まり、前に向かって頑張れるのです。このような発想塾で行っている、相手のモチベーションを上げ、奮い立つ前向きな言葉を発する議員さんになっていただきたいものです。

また、他人を褒めることも大切ですが、自分を愛し、褒めること、そして自分に感謝することも重要です。周りの人、生き物、風景、自然界を愛し、褒め、感謝することと同時に、自分を褒めることは、自分に幸せを呼ぶために大事なことです。発想塾開始時の唱和、「感謝の三元」もこれにあたります（五九頁参照）。

発する言葉のとおりに、人は導かれます。言葉の中に、相手を敬う気持ち、肯定する気持ち、「凄い」「立派」「頭がいい」「早い」「優しい」「美しい」「絵が上手ですね」などなど、前向きな気持ちがこもっていれば、人はその言葉どおりの立派な人（特に子供）になることを知っていただきたいのです。そして、自分に発する言葉も、「ありがたい」「素晴らしい」「嬉しい」「元気をいただき、ありがとうございます」と、このように不満言葉ではなく感謝言葉を発することにより、言葉どおりの自分が描かれます。

人間は、お互いに未完成です。あなたが言葉を発しているときは、その言葉によって、あなたの人格（人間性／未完成度）を相手に見せているのです。お互いに、未来を見つめ、相手の行動している姿を、まずは「凄い！　スゴイ！」と褒め、お互いが「凄い人」になるように言葉を発し、お互いを磨き高めましょう。

幸せ重点項目④　「手段」か「目的」かを見極めよ

戦後、急速に発展した車社会も、当初はアメリカを模倣した日本車でしたが、当時の自動車の開発者はどう思っていたのでしょう？「車を造る」ということが目的となっていたのではないでしょうか。皆さんも考えてみてください。

まず、車は何をするためのものですか？　そう、「人やモノを運ぶ」ためのものです。しかし、人やモノを目的地まで移動させる手段は、別に車でなくてもいいわけです。ドローンのように地上から数メートル上を移動できれば、道路も車も要らないことになります。

今日、車の自動運転化が囁かれていますが、運ぶことだけを考えれば、市場に出始める予定のドローンカーでいいのではないかと思います。第二章でも述べましたが、二十年以上前のこと、私が公共工事に携わって道路建設そのものに疑問を感じていたことから、車メーカー数社に、「車輪のない車を開発されてはどうでしょうか？」と申し上げたのと同様に、車は移動する**「手段」**なのです。人やモノの移動が**「目的」**ですから、それを達成させる手段は、別に車でなくてもいいわけです（車のタイヤも、今のような丸いものでなくてもいいし、必要がないかもしれません。すべての考えるスタート地点は、このようなところにあります）。

また、車を「手段」から「目的」に変える考え方もあります。例えばキャンピングカーのように、目的を「寝泊まりのできる宿＝車」とすれば、普通の車とは仕様も変わって、日常の生活ルームとしての機能を考えることになります。車産業の将来を見れば、そのように視点を変えることが必要であり、そうなれば、キャンピングカーならば住宅産業などと一緒に、住居としての車の開発を考えることになるかもしれません。また、すでに移動住居（車）の開発を進めている住宅会社もあるかもしれません。

このように考えると、世の中には多くのものが浮かび上がってきます。これらはすべて、手段から目的へ、また、目的から手段に視点を変えると、別の方法（製品）が生まれ、新しいものの誕生となる場合があります。ここにも、皆さんの発想力が関わってきます。学校も、通学するのは手段となり、家庭にいながらオンライン教育を受け、外国の大学を卒業する人も現れるはずです。

さらに、手段と目的を見直す例として、手段である通勤をやめて、家庭内でＡＩにて在宅勤務を行い、会社の仕事（目的）をするテレワークが進んでくることにもなります。

もっと身近なモノでは、例えば「お箸の目的は〜〜ですね。そのためには○○でもいいですよね。使い方も、他に考えてみると面白いものが生まれるかもしれません」と、このように考えていくと、多くの発想テーマが浮かんできます。あなたも周りを見ながら、楽しく考えてみましょう。

プロの世界でも、同様なことが多くあります。第三章でお話ししましたが、私の仕事の中での発想例がそれにあたります。

このように、目的を果たすために、すべての事柄を白紙で考えることも重要です。

そうは言っても……と消極的に考えずに、積極的に周りを見渡すと、今まで見逃していたモノや、思い込みで見ていたモノが多くあるはずです。今一度「手段か、目的か」でしっかりと考えてみると、面白い発想が浮かんでくるかもしれません。

幸せ重点項目⑤　周りに善の波動を発振する

群馬県の数学・能力開発塾「開華」の代表で、東京大学工学部卒業の村松大輔さんは、量子力学をベースに「自分発振」による能力開発を提唱されています（以下の内容は、致知出版社の月刊誌「致知」二〇二〇年九月号、村松大輔さんの記事「自分発振で人生を開く」を参考にさせていただいたものです）。

これは量子力学でわかったことだそうですが、人や動植物は、その動作や言葉によって電波（光量子：フォトンという素粒子。フォトンはテレビや携帯電話などと同じ電磁波。目には見えない）を受・発信しているといいます。人は人との交わりの中で、雰囲気、つまりフォトンの波動を感じて、それが感情が上下したりする原因となっているのだそうです。

「凄いね」「立派ね」「感謝してるよ」「ありがとう」などの肯定言葉が発せられると、場の雰囲気は高まり、明るくなってプラス効果を生み、笑顔が蔓延します。一方、「バカね」「駄目ね」「遅いね」「無駄だよ」「やめなさい」などの否定言葉が発せられると、場の雰囲気は低迷して、暗いマイナス現象となり、嫌な雰囲気を作り出し、渋い顔ばかりになります。

これらは日常の生活の中、すべての人の周りで起きています。家庭で、職場で、学校で、地域で。また、口には出さなくても自分の心の中で、「腹が立つ」「憎い」など、マイナスのフォトン波動を発している人もいます。

日々の中で、愚痴を言いたくても、不平不満があっても、悪い結果を招いても、それをマイナスと思わないこと。また、「自分は一生懸命にやっているのに……」と、自分にプレッシャーをかけることもありますが、これもマイナスのフォトン波動を発することになるので、避けましょう。毎日の自分の喜怒哀楽（発する波動）は、すべて自分に、そのままのプラス波動、マイナス波動となって返ってきています。故に、常にプラス効果を生むように思考をすることです。

周りから嫌なことをされたとしても、相手を憎まないことです。憎むと、同様に悪いフォトン波動が、自分や相手の周りに発生してしまいます。

毎日、あなたがその場その場で感じる雰囲気は、自分や周りが発する（創り出す）フォトン波動であり、それが場を明るくしたり、暗くしたりしているのです。人と人が交われば、必ず発せられる波動です。その場の雰囲気を上げるためには、自分や周りの人が発するフォトン波動をプラスにすることです（これは発想塾においても学びましょう）。

独りでいるときも、複数でいる職場、家庭、学校、地域などすべての場所にいるときも、お互いにマイナス言葉を吐かないことです。もしマイナス言葉に遭遇したときは、どうプラスに切り替えてそれを受け取るかを考えましょう。例えば、何か行動をして結果が良くなくても、「〇〇を学ばせていただいたんだ」と、〇〇の意味を自分の中で考え、「そうだ、これを学ばせていただいたんだ」と感謝の言葉（心）に切り替えることにより、気持ちがプラスに変わり、明るい雰囲気を発します。

周りから嫌な言葉を受けたときも、「学ばせていただいている。感謝しよう」と思えば、相手の雰囲気（フォトン波動）にも影響してプラス効果となり、相手も笑顔での対応に変化するでしょう。

周りのみんなが以上のことを学び、知る（共有する）ことで、発想塾が提唱している明るく元気な仲間（社会）づくりができます。「フォトンの善波動」が参加者全員に行き渡り、「楽しい！　嬉しい！」と、その場がさらに前向きに盛り上がります。

生け花にも、「きれいですね」と声をかけると長持ちをすると言われています。生命体のすべてにフォトン波動は働くようです。

フォトン波動は私たちの周りに常に存在しています。道にゴミを捨てる人、不潔な服装の人、常に怒り顔の人、不平不満の多い人などは、自分から周りにマイナス（悪い）のフォトン波動を発振して、自分で運気を下げています。

一方、ゴミを拾う人、周りに良い印象を与える人、笑顔が絶えない人、常に前向きな言葉や感謝の言葉がある人などは、自分や周りにプラス（善）のフォトン波動を常に発振しており、場の運気を上昇させています。

奇跡を呼んだり、ラッキーをいただくのも、そのときに自分が発しているフォトン波動が大きく影響しています。神社やお寺などの神聖な場所では、参拝者の方々の前向きさや純粋な心が、お互いに善のフォトン波動を発しています。

発想塾活動においても、「できない」「無理です」は発しないことです。「前向きに何とか考えてみる」「面白いモノが見つかるもしれない、やってみよう」「いい勉強をさせていただいている。頑張って乗り越え、成果を出すぞ！」そんなふうに考え始めると、フォトン波動が前向きになり、成功への道を見つけることにつながるのです。

実際にこれらを体験すると、これまでは他人事のように「運の良い人」「運の悪い人」などと言っていた人も、すべては自分が発しているフォトン波動、即ち自分が呼び寄せていたのだと納得し、積極的な前向き思考になります。

過去の幸せ人生、幸せ家族、幸せ仲間も、すべて自分が選んだ道なのです。何があっても、「周りで起きている現実は、すべて学ばせていただいているのだ」と、笑顔で「感謝」の善波動発振をすることで、ツキを呼ぶ人になります。

〈参考〉波動について

世の中のすべてが波動を持っています。自分を含め、周りの人、モノ、自然界のすべてです。波動はパワーであり、エネルギーです（波動は素粒子です）。この波動の相互作用によって、幸せも不幸せも創られているのです。

常に感謝の気持ちを持ち、笑顔で対応して、プラス波動を発し、逆に周りの人やモノに対して、不平不満、愚痴などのマイナス波動を発しないように注意しましょう。前向きな心を持っている人は、自身の幸せパワーがドンドン上昇していきます。

さらに、パワースポットに出向いたときや、良い雰囲気の場に行ったとき、笑顔が絶えない仲間と会っているとき、前向きな会話や素晴らしい夢を語っているとき、ワクワク感が沸いてくるとき、褒められたとき、このようなときはプラス波動がドンドン上がっていきます。これらはすべて自分の心の中に、対象となる人やモノがあり、そこから生まれる波動です。世の中（生きる中）に、一人ぼっちで感じられる幸せというものがない理由も、そこにあるのです。

パワーを上げるには、周りに対して、感謝心以外にも、印象の良い服装や喋り方、すがすがしく歩く姿、相手を信頼している高い心根、正しいことをしている姿、自分に対しても偽りなく正しい人間道を歩み、信念を持って生きる姿、これらを持つことでパワーは上昇していきます。そして、素晴らしい人と出会えたり、凄い財に恵まれたり、仲良く結束力のある家族になれたりするなど、良い波動からは素晴らしい充実した最高の幸せをいただけるのです。

善の波動を発する人には、似たような善波動を発している幸せ仲間が生まれるということです。これらの仲間には、意味をなさない昔話や、マイナス言葉、ネガティブ思考はありません。故に、良い波動（パワー）を、さらにみんなが相互に呼び込むのです。

この人たちには常に「感謝の言葉」があります。「感謝しています」「ありがとうございます」、また、どんな難しいことであっても「やれる」「できる」と、常に前向き言葉があり、即時、行動を起こします。周りで頑張っている人を「凄いね」と褒めます。一見ピンチに感じることや忙しいときなども、「ありがたい。学ばせていただいている」と感謝します。常に感謝なのです。この人たちの感謝心は、一人に対してだけではなく、多くの人、モノ、自然界などに対してであり、自分一人では何もできないことを知り抜いているので、感謝の言葉が自然に出てくるのです。

そう、周りの波動がプラスになれば、自然に幸せ波動を生むということです。波動は自分で作っているのです。人と人の会話でも、大きな会場での大会でも、前向きに沸き立てば、そこにいる人たちのお互いの幸せ波動が共鳴して、さらに増すのです。

すべての人や物（光、土、岩、水、空気、動植物など）は、善波動も、悪波動も発するし、受信もしています。これらの波動は、宇宙の誕生から、地球の誕生、人類の誕生の過程などでもずっと発せられ続けてきました。そしてこの波動の基本は、宇宙や地球が進化発展してきたことを考えればわかるように、すべての人やモノを進化発展させようという方向に働きます。これが宇宙の大原則です。故に、宇宙のその願いどおり、人は正しい生き方をすること、そして人やモノに助けられていることを知り、周りのすべてに感謝すること、これが人としての基本であり、そうすることによって宇宙の無限の進化をいただけるのです。

宇宙には人の心の中に「悪いことを思い描いたら、悪いことが起きる基本があるのです。だから常に善いことを思い続けなければいけない」。これが生きる基本であり、成功（幸せ）人生を得るのです。

人は、不満を発するのではなく、感謝することから始まるのです。自分の家族から多くの恵みをいただいていることに感謝し（子供が大人に成長するまでには、特に親から多くの愛をいただいています。これを忘れて不満を言っている人がいますが、まずは両親、家族に感謝することです）、周りの人やモノと、共に良くなっていくことを考えるのが、人に課せられた使命です。

自分一人の幸せはあり得ません。美しい心（善波動）を持って社会貢献をしましょう。逆の、卑しさ（悪波動）は、必ずつまずきます。美しい心（生きる上で善波動を発すること）は、人に求められている宇宙の大原則なのです。自我欲（悪波動）を発すれば、決して良くはなりません。周りのためを思い、善波動を発すれば、自分も周囲も永きにわたって幸せになるのです。

私がこれらの不思議な波動の話に興味を抱いたのは、イギリスの理論物理学者ピーター・ヒッグスが発見し、二〇一三年にノーベル物理学賞を受賞した、「ヒッグス理論（ヒッグス粒子）」がきっかけです。これらの粒子（波動）の話は、最近多くの物理学者が証明しています。諸書がありますので、あなたもご自身で確かめてみてください。

地球（モノ・生命）の成り立ち

■進化を創造するフォトン

一三七億年前のビッグバンのあと、地球は四六億年前に誕生し、そして二七億年前に酸素が生まれ、それまでの生物は酸素により死に絶えました（無酸素時代の生物にとって酸素は猛毒です)。さらに、人類の祖先の誕生は二〇〇万年前です。

このような宇宙や地球の成り立ちを考えると、宇宙には〝進化する使命〟があることがわかります。特に生命体においては、昨日より今日、今日より明日、と進化が求められています。それを司るものを、「神」とか「天」と私たちは呼んでいます。

そして、進化させるべき使命を神から授かっているのが、すべての生物の深層心を読み取り、実現させる「フォトン」という素粒子です。これは電波などと同じように人の目には見えません。しかし、人類を含めて多くの生命体に影響を与えていることが、最近わかりかけてきました。まだ完全ではありませんが、フォトンのことを、私なりの予測を交えながらお話しいたします。

■「善フォトン」と「悪フォトン」

最近、物理学の関係者がノーベル賞を多く受賞している素粒子発見などの傾向を見れば、量子力学の中から発見された極小の素粒子(電波などと同じようなモノで、人の目には見えない)の一つ「フォトン」が、人やモノから発せられて、場の雰囲気を受けて波動として周りに伝達していることが解明されつつあるということがわかります。

人と人が会ったとき、明るいとか暗いとかいう、その場の雰囲気を作り出しているのがフォトンです。他の動植物間でも、場の良い雰囲気（善フォトン）や、悪い雰囲気（悪フォトン）を同じように発していることが解明されつつあります。

生命体の発する感情は、波動となって周りに大きな影響を及ぼしているのです。例えば、切り花に「きれいだね」と言葉をかければ長持ちし、「醜いね」と言えば早く枯れると言われています。人間同士の感情が伝わるのも、このフォトンがあるためです。家庭、学校、職場、また遠くにいる人に対しても、自分が暗い気持ちになれば周りに伝染し、逆に明るい気持ちを持つと、自分も周りも明るく前向きになります。

良い雰囲気は幸運を呼び込み、その場にいる人たちを幸せにします。神社への参拝、奉仕やボランティア活動、また人に喜ばれることをすれば幸せ感が増すのも、善フォトンの波動を受けているからなのです。

■現在・過去・未来のフォトンは同時に存在する

神社などが「パワースポット」と言われるのは、先人たちが奉ってきたことで善フォトンが充満しているからです。また、「この場所には、先人（亡くなった人、親など）の姿を感じる」とか、先人が座っていた座布団に座ると先人の知恵や力・運を授かるような気がするなどは、先人のフォトンが今もそこに飛んでいるからです。

私達が現在いるこの場所、この時にも、周りには、今現在のフォトンはもちろん、過去のフォトン、そして未来を告げるフォトンも同時に飛んでいる、と最近の物理学者が発表しています。先ほどの先人などの過去の記憶や出来事を今、感じることができるのも、「予感がする」といった未来予測も、これら素粒子波動によるものだと物理学者は告げています（「フォトン」という名称は使っていませんが、私はフォトンだと思います）。

■フォトンは人の本心を実現する

人が本心から「感謝心」を持てば、それを実現させるためにフォトンの協力をいただけます。すなわち、運気が上がります。逆に、本心が「不満」であれば、フォトンは不満心を実現しますから、さらに不満を呼び、運気を下げてしまいます。また、損得勘定から人にウソをつくと、フォトンは口先のウソではなく「本心」を読み取るので、本人が求める結果とは逆となり、やはり運気は下がります。

このように、フォトンは人の心の深い部分を読み取って実現へ導くのです。

私は弊社の額に、「今に感謝。今日に感謝。人生に感謝。すべてが師であり、学びである。人生に無駄はない」と掲げて、身の周りに起きるすべての事象は、学ばせていただいているのだとポジティブに考えるように、と社員たちに伝えています。

生活する中で、周りを美しく清め、雰囲気を大事にし、人に笑顔で接し、人間力を磨き高めることは、周りの善フォトンの協力をいただくことになり、幸せな人生がやってきます。意識して前向き思考を繰り返すことにより、それが定着し、想いが実現し、幸せを招き続ける……これが、フォトン活用法です。宇宙は、「常に進化せよ」と、人（生命体）の想いを実現させるために動いてくれているのです。

■人の本心を読み取る機器の誕生？

ＡＩ時代であり、かつコロナ禍にある今日、自分の意思を人に伝える手段として、従来の口頭、手紙、電話などというレベルからは想像もできないような機器が開発されるだろうと私は予測しています。具体的には、人と人の交流のその場の熱量（人の想いのフォトン）を読み取ることができる「フォトン読み取り機（仮称：スカイハート）」です。

スカイハートには、互いが遠く離れていても、相手の熱量（想いのフォトン）が表示されます。コロナ禍でリモートによる交流が急増していますが、現在の機器では想いは伝わらず、相手の心（本音）は見えません。しかし、生命体が発しているフォトンを読み解くことができれば、お互いの心の深い部分まで伝わります。人を含めた生命体すべてとの会話は、フォトンによって互いの本音がわかるようになるのです。

このように、相手に本音を読み取られるということは、上辺だけの発言はもうできなくなるということです。つまり、スカイハートが開発されれば、人はウソをつかなくなるのです。故に、人間社会全体が素晴らしくなり、健全な社会となります。

スカイハートは、すべての場所の善フォトン、悪フォトンも表示します。あなたが沸き立つ場にいたり、仲の良い人と会ったり、神社などに赴いたりしたときには、善フォトンが多く表示されます。逆に、嫌な場所に出向いたり、嫌な人と会えば、スカイハートには悪フォトンが多く表示されます。

読者の方々と塾生の皆さんの力で、周りに善フォトン波動をたくさん創れば、それもスカイハートにはっきりと表示されることでしょう。

三十年サイクルで変化を読み解く

多くの企業や業界、創業期に期待された企業・業界でも、三十年ごとに変わります。創業から三十年間は起創期であり、青年の姿のように元気です。次の三十年は隆盛（安定）期で、大人の姿。さらに次の三十年は衰退期で、老人の姿となっていきます。

いろいろな企業を見ていると、初代経営者（創業者の三十年）、二代目経営者（引き継いだ三十年）、そして三代目経営者（没前の三十年）と、企業としては続いていても、時代の変化を読み解かなかったために、三代目で廃業・倒産となる場合が多くあります。

具体的な例で表現にすれば、このような感じです。

〇〇株式会社は一九五〇年に創業。やがて需要が高まり、一九八〇年には十億円の売上を計上、その後も売上を維持していた。しかし、二〇一〇年頃から需要の低迷や同業社の新規参入（新製品）などにより経営環境が悪化。二〇四〇年には売上が三億円を下回るまでにダウンし、その後も業績の低迷が続き、投資額が重荷となる中、ついに支えきれなくなり、事業を断念した――。

このような例は多くあります。企業などの経営者は、これらのことをよく認識して、次代へつながる組織（企業・業界）運営を行うことが重要です。即ち、時代変化をしっかり見極めて（特に二代目と三代目は、変化していく社会状況をキッチリと捉えること）、次代に任せられる経営（運営）をすることが重要なのです。

ＡＩ時代となり、世の中が急変している今日、発想塾は、塾へ参加された企業の皆さんに対し、時代の変化を捉えた「新製品・新方式・新分野」を提案しています。次代を見据えた対応ができるように、全国の仲間や業界経験者が、発想塾から始まる突飛な話を含めて、次代への提案をさせていただいているのです。

第六章　発想塾からノーベル賞へ、凄い日本へ

笑顔と元気が絶えない日々がやってくる

小さな兄弟が騒いでいます。親御さん（お爺さん、お婆さん）がそれを見て、「静かにしなさい」「勉強しなさい」と言っています。家族で出かけようとして、子供たちの足元を見ると、靴を右左逆に履いていています。「ちゃんと履きなさい」と叱ります。すると子供たちは、今度は右足にはスニーカーを履き、左足にはサンダルを履きました。親御さんは、「そんなバカなこと、やめなさい！」と、さらに大きな声で子供たちを叱りました――。

これと同じような光景を、目にすることがよくあります。メガネを上下逆にかけたり、お箸を逆さに持ったり、コップを、ノートを、鉛筆を、消しゴムを、上着を、カバンを……子供というのは身の回りのものを、大人が驚くような使い方をするものです。このような子供の姿を見て、周りの大人たちは、「やめなさい」「ダメ！」と騒ぎ立て、子供の自主性や創造力を奪っています。

発想塾では、こうした現実（光景）に出会ったとき、「それ、面白いな」「凄いじゃないか」「凄い！　スゴイ！」と、徹底して子供の創造性、発想力を褒め、さらなる発想力向上を促していきます。沸き立つことで、子供たちがさらなる発想力を伸ばすことを期待しているのです。叱ることから「凄い！」に切り替えると、子供たちはさらなる工夫、面白さを、自分で考えて進めていきます。これが、子供たちの成長に無限の可能性を生み出すことになるのです。

大人も、奇抜なことを考えると同様なことが起こります。前章で述べましたが、人に対して「ダメですね」というマイナス言葉を発すると、その言葉どおりダメな人間になります。「スゴイ！」と発すると、さらに凄くなります。

特に子供に「凄い！　スゴイ！」と言い続けると、言葉どおりに本当に凄くなります。例えば、三歳くらいの子に「1＋1＝2」を教えて、ちゃんとできたときに、「凄いね。足し算ができるんだ。凄い、スゴイ！」と言い続けると、その子は「2＋2＝4」を自分から覚えます。そうして好きになった算数を、自分でどんどん勉強していき、算数で優秀な子になります。

国語も同様で、まだ学校では習ってない簡単な漢字を読ませて、「凄い！　スゴイ！」と発すると、自分から興味を持って勉強し、国語や漢字で優秀な子になります。中学生になる少し前の子供には、英語の簡単な単語や熟語を暗記させて、「凄い！　スゴイ！」と発すると、英語を自分から勉強するようになり、英語が得意な子になります。理科も、社会も、科学も、みんな同じです。

その子の年齢（学年）よりも、頭一つ上の問題を出すことです。それができたときに

「凄い！　スゴイ！」と発すれば、子供は自分から積極的に勉強をして、大きく成長していきます。逆に、「もっと勉強しなさい」「そんな簡単なこともわからないの？　バカね」などと発すると、自信をなくして、その言葉どおりの「ダメな子供」になります。大人も同じです。人を伸ばすか、潰すか、言葉というのは重要なものなのです。

その子の能力を伸ばす（開花させる）ためには、周囲の言葉による、いわば暗示が大事。「この子は凄い！」「この子はできる！」で、本当にできるようになるし、賢い子供になるのです。

ただし、二点だけ注意があります。基本は相手のすべてを肯定することですが、相手が子供の場合は、

①人に迷惑をかける（悪さをする）こと

②自分や周りに危険を及ぼす行為をすること

これは絶対にさせないでください。

日々、人の長所、やる気を観る。そして、「あなたならできる」「凄い！」などの声かけをして褒めると、あなたの周りには凄い人たちが集うようになり、若い子供から超高齢の方まで、誰もが活気を生み、素晴らしい家族、仲間、職場、地域、町が多く生まれます。

同様に、自分から発する言葉は、自分の生き方（人生）を決めます。「幸せです」「あり

がたい」「元気です」「発想（工夫）が生まれるんです」、自分が発するこれらの言葉どおりに、あなたは人生を歩むことになります。

周り（家族）にも同様のことが起こります。「笑顔がいいですね」「楽しいですね」「凄いですね」と周りの人たちに発すると、その場に言葉どおりの良い波動（雰囲気）が生まれ、発した言葉どおりの良い雰囲気を相手にも醸し出します。

例えば、誰かにお菓子をいただいたときに、「ありがとう」と言うだけでなく、「私、このお菓子大好きなんです。嬉しい！」と喜ぶ姿でお礼を言うと、相手の方は、「いいことをした。凄く嬉しい！」と、普通よりも一段上の喜びを感じます。

人に何かいただいたときに、「これ、好きなんです」「ずっと欲しかったんです」「ありがたい。みんなで楽しみます」など、前向きな喜びを相手に伝えることも、発想塾では「感謝の伝え方」として、言葉のマネジメント学習をしています。このようにすると、その場の雰囲気が上がり、善波動を多く発して、お互いに一段上の幸せをいただけることになります。

発想塾の目標は、発想塾を通して、家族を、学校を、会社（職場）を、地域を沸き立たせ、そして個人の自主性を尊重し、お互いに「凄い！　スゴイ！」と褒め合って認め合うことから、みんなの心が高まり、前向きで素晴らしい、元気で仲の良い日本を創ることです。また、発想力を高めることで「新」が生まれ、世界をリードし、究極は、日本の、そして世界の人たちのみんなに幸せを感じていただくことを、発想塾は目指しています。

特に、未来に大きな可能性を秘めた子供たちは、自分の発想力が認めてもらえる喜びや、「凄いね！　よく考えたね」と褒められる経験をすることで、大きな夢を抱くようになり、自主的に学ぶことを喜びとして、元気で発想力（工夫力）の高い、前向きな子供になります。また子供に、今日一日で周りの人たち（友達、先生、家族、その他）から、「凄いと何回言われたか、何回褒められたか」を報告してもらうことも、子供をやる気にさせます。

子供には大きな未来があります。発想塾では「考える子供」を育てるために、特に子供発想塾には力を注いでいます。

ＡＩ時代を迎えた今日、これからの学校教育は「教える・覚える」から「考えること」を取り入れた教育が重要となります。「できない」と言わずに、まずは家族全員で自分たちの周りを見渡し、「発想塾」内で学んだ「新を考えること」を始めてみてください。

また、周りの人（モノ）を見つめて、「人（モノ）の長所を探し、人（モノ）を愛し、すべてを褒めること」、さらに「自然界の動植物、景色などを見つめて、それぞれの恵みを知って、感謝すること」などを始めると、前向きな素粒子の波動（フォトン）が働き、自己の善から発振する波（波動）と合わさり、共振して、発想力の範囲が広まり、運気を上げることになって、「できるんだ！」という自信にもつながり、積極的に取り組む心が生まれます。まずは身近な事例から、「考えること」を義務と捉えず、前向きに楽しく始めることです。そして、周りの人を巻き込み、発想塾の輪（幸せ）を広めてみてください。

実際に、最初は「私には発想は無理」と思っていた人が、小さな改善ができ、周りから「凄い！」と言われてそれが自信となり、さらに自分の子供が作ったものを見て、「そうなんだ、大きなことじゃなく、小さなことから考える癖をつければできるんだ」と、発想塾体験によって自信を深める方が誕生しています。発想力を上げ、運気を上げるためにも、「無理」「ダメ」と思い込まず、自分も子供も、周りのみんなも、「考えること」で明るい未来がひらけてきます。発想塾活動は、周りの人に善い影響を与える積極人間となります。

発想塾では、この「凄い！」の言葉を、一日に何回言ったかを重要視しています。毎日、「凄い！」と発した回数、自分が言われた回数を記録をして、沸き立つ指導も行っています。併せて、感謝の言葉や、人・モノを愛する言葉も、発したその内容、回数を、同じように記録をするように勧めています。これらはすべて、その方に運気を上げる人生を選んでいただくためのものです。家庭内でも実践してみてください。ただし、不平不満などのネガティブ言葉、体験は絶対に書かないでください。もしネガティブな言葉や現象があれば、それは必ずあなたに何かを教えてくれているのです。その意味を知り、必ず感謝言葉にしていきましょう（第五章内の「幸せ重点項目③　人が発する言葉の驚きの効果」も、もう一度読んでみてください）。

ノーベル賞候補はあなたです！

過去に日本人（外国籍も含む）でノーベル賞を受賞した人は二十八人います（二〇二〇年末現在）。

最近では、リチウムイオン電池の開発で二〇一九年にノーベル化学賞を受賞した吉野彰さんがいます。吉野さんは子供の頃に『ロウソクの科学』という本を読んだことがきっかけで化学に興味を持つようになり、やがて「新」を発見しました。二〇一二年にノーベル生理学・医学賞を受賞した山中伸弥さんも、身近な人からの一言で探究心が生まれ、研究に没頭して、それがノーベル賞につながったようです。

人生の中のちょっとした出会い、一言などから、ある事柄に興味を持って、前向きに「なぜ？　なぜ？」と追究し、人の病気を治したり、社会を良くすることなどを研究することが、ノーベル賞へつながっています。過去に受賞した方々も、同様な流れで受賞となっています。

いつの日にか、発想塾で学んだ方々や、その方々のお子さんやお孫さんが、特許を取得したという報告や、大きな地域貢献をしたという話、そして世界が驚くような発見・発明をしてノーベル賞を受賞した、などのビッグニュースが届くことを期待しています。

ノーベル賞を貰えるなんて、最初は誰も思っていません。日本人にノーベル賞受賞者が何人いるかということも、日本人のほとんどの方が知りませんし、他の世界のことだと思っています。過去に受賞した方々も、おそらく皆さんと同じようにそう思っていたはずです。けれど、受賞されているのです。ですから、あなたも、あなたのお子さんにも、「無理だ」とは思わず、「もしかしたら……！」と夢（希望）を持つこと、持たせることです。特許を取ることも、同様に「無理」とは思わない、思わせないことです。

発想塾活動には、考えて、考えて、考えることから「凄い！」が生まれ、それが素晴らしく大きなことにつながる、といった人生の夢があります。

特許に興味を持つことも重要です。子供に特許の意味や、「特許は取得できれば、出願日から二十年間は独占なのよ」などと教えると、興味を抱きます（親御さんは、特許に関する「産業財産権」なども知識として知っておくと、子供に指導ができます）。

実際、最近は親が出願手続きを手伝って、子供が特許を取得することが増えてきたように思います。子供の自由な発想が好結果を生んでいるのではないでしょうか。発想塾でも指導をしていますが、あなたやあなたのお子さん、お孫さんも、素晴らしい「新」が生まれ、形になったら、特許出願をされることをお勧めします。

友人が駅で荷物を盗まれたことから、駅や電車内などで置き引きをされないようにと、「鈴付きリボン」を考えて特許出願をされた話もあります。皆さんも考えてみましょう。

発想塾は「新（無→有）への挑戦」（京大スタイル）

多くのクイズ番組で、東大クイズ研究会出身のクイズ作家の方々が活躍されているようです。変わったクイズを東大ブランドで出題するため、多くの視聴者が、東大生が出すクイズ問題として興味を持つようです。しかし、たとえ変わった問題であっても、クイズはクイズであって、答があるものを出題して、回答者や視聴者が答を考え、それで沸き立っているだけです。

一方、私は、無（まだ答のないモノ／存在しないモノ）を、「こんなものがあれば……」「これはどうなっているんだろう?」と観て、探究心が沸き上がり、考えて、考えて、さらに考えて、いつの日にか「新」として誕生させるという、多くのノーベル賞受賞者を輩出している京都大学の考える力（京大スタイルの発想力）に魅力を感じています。

発想塾が目指すのも、それです。

人類の進化の背景には、現存しないモノや、未知、未経験の中に、自分の経験や信念を基に、周りの協力もいただき、失敗を繰り返しながらも、考えて、考えて、もっと深く考えて、「成功」を得るために頑張る人々の姿があります。諦めずに頑張って、ある日「凄い成果」に辿り着いたときには、周りの多くの方から「凄い！　スゴイ！」の大コールが上がり、特許を取得したり、やがてはそれがノーベル賞につながったりするかもしれません。不思議な「新」を生み出して、独自製品・モノとして、世に広めるために創業される方も現れると思います。

このように「答のない未知（無）のモノ」を考えて、考えて、いつの日にか自分としての「新（有）」を生み出すまで諦めない「京大スタイル」を進めるのが発想塾です。

現在、マスコミやテレビ界を賑わしている東大クイズ研究会は、面白い答のクイズを出題していますが、私は、現在まだ答の存在していないモノ、「新」を、考えて、考えて、考えて生み出す「京大スタイル」でテレビ界をコーチングするのも面白いのではないかと思っています。子供たちが「新」に向かって、考えて、考えて、頑張っている姿をテレビで見ていただくことも、面白くて国民のお役に立つのではないだろうかと感じています。

発想塾で理想の生き方を実現

日々の環境、考え方を少し見直すことで、生活が楽しくなり、理想の生き方を手にすることができます。そうした発想塾の取り組み（学び）は、今までにない凄い変化を呼び込みます。

- 「考えること」が当たり前となり、周りにも頭の良い人（特に子供）が育ちます。
- 「凄い！　スゴイ！」と周りを肯定する言葉が飛び交い、参加者が元気になります。
- 発想塾では、自分との「前向き会話」を学びます。前向き会話とは、即ち自分の長所を探し、自分を褒めることで、これが運気を上げることにつながります。続いて、周りを褒め、愛し、感謝することは、さらに自分の発想力を上げ、運気を上げることにつながるということがわかります。これらの活動により、人生の夢に向かって歩む素晴らしい自分の姿を見つけ、自信を持った充実人生を得ることになります。
- 発想塾の、「新」を考えて面白いモノが生まれる素晴らしい活動は、結果、小・中・高校、大学、進学塾、企業、自治体に拡大します。
- 発想塾活動を一般の学習塾が導入すれば、既存の塾にない「未来を考える塾」となり、優秀な人間力を持った人材を育成・輩出し、話題を呼び、人気塾となります。

・経営アドバイザー（コンサルタント）等も、ＡＩ時代を迎えた今日、大きく変化している企業環境に対応するために、企業への指導を変えるべきです。それは、人本来の姿を蘇らせることであり、今まで人がやってきた仕事（現状の繰り返し作業。今後はＡＩの仕事になる）から、人としての本来の仕事である、次を考えながら「新」を生み出す仕事への指導であり、この「考える仕事」の人材を育てるためのコンサルタントをしなければなりません。今後の企業には、発想塾が目指しているＡＩ時代の人材である、人間本来の姿「考えること（先読みをすること）」のできる人材育成が重要となるため、ここが企業指導の中心になってくることは間違いありません。
・発想力は、まず個人から発するものです。しかし、ＡＩ時代のこれからは、個人も大事ですが、周りの人とのコラボレーションによって生まれるモノも多くあります。それには、お互いの人間力を伴った信頼が重要となります。人間力の高い人材は、多くの協力をいただけます。社内に、社外に、高い人間力を持った信頼のできる発想人を育てるのも、発想塾の大きなテーマです。
・発想塾への取り組みは、奇跡的な「新」を生み出すことになります。
・否定から肯定へ、前向きで仲良しな笑顔の集団となります。
・日常の不平、不備、不満足、未達、無知、厳しさをチャンスにします。

- 年齢を寄せつけさせない（若返り、無病、生きがい）効果があります。
- 定年なし、終身、現役人生となります。
- 二次効果として、鬱病やゲーム依存症からの脱出効果を生みます。
- 「発想力があるのはごく一部の人だ」と思い込んでいた人も、「できる自信」を得ます。

発想塾への取り組みは、従来の日本人にはなかった、「覚えること」から「考えること」を重視した、次代の教育（生き方）です。これまで多くの方が、社会活動などのテーマとして、「老若男女を元気にする」ことを理想として掲げてきましたが、「どうやって？」という具体的な方法はありませんでした。しかし、発想塾活動は、「理想ですね」で終わらせず、「本当だ！」と誰もが実感を手にすることができます。まずは、発想塾を体験（参加）し、その凄さを知っていただき、そのあとは自分で塾を育てることを始めてみてください。

第七章　発想塾の究極の目標

発想塾の目指すもの

総塾長の目指す発想塾は、講演会・塾例会の開催を基本として、発想塾を体験された方それぞれが、自分塾開始前に、自分を信じ、自分を味方につけ、肯定することの重要性を認識されることが重要であり、その後、個人（家庭）及び、地域、行政、企業内において、「新」に向かって各地で自分塾を開催することです。

そして塾生は、理想塾のために「新（未来）」を考え、自己成長と共に、参加者の満足を呼び込み、創造力・人間力のある仲間づくり、日本づくりを目指します。

総塾長の講演や、発想塾から育った塾長（塾生）が自主的に塾を開催するなど、周りの身近な人から始まり、徐々に全国に広まり、最後には全国活動により、すべての老若男女や職場を元気にすること、そして出版事業（書籍・会報）やアドバイス等を行うことで、発想塾を深く理解いただき、これらを加速させ、元気になったみんなで、日本中に発想塾を拡大・定着化することを目指しています。

同時に、以下のことを目指します。

- 沸き立つ家庭、地域、学校、職場、そして強く元気な日本――これが基本方針。

- 団体、企業へのアドバイス
- 発想塾長の育成（考えることを基本に）
- 考えることの楽しさを体験して、楽しい人生を歩む指導。そして集団化
- 世界をリードする、発想力の凄い人づくり、国づくり
- 自分の周りに、みんなの力で常に進化する環境づくりができること
- 社会（自分を含めたすべての人たち）から不平不満、愚痴をなくし、逆に自分を褒める、周りを褒めることが人生にはとても大切だということを、実例をもって体感していただく
- 「自分には発想力がない」とか、「『新』のテーマが浮かばない」など、否定的に捉えていた方が、「できるんだ！」となる体験をしていただく

日本の危機を脱するために

海に囲まれた島国日本で行われている教育は、記憶学習（覚えること）のみで、先を考えることができない危険な日本が、戦後出来上がっています。今日起きている、中国や韓国、ロシアなどの領土問題、外交問題にしても、北朝鮮問題にしても、相手国から攻めら

れたときにどうするか、先（対応策）を考えていないという現状があります（どういった対応を取るか事前に考えていない、想定していないのが、今の日本の姿です）。

そのため、相手国から一方的に「やられっぱなし（やられ放題）」になっており、次（未来）につながる対策（準備）が打てていません。戦後七十年余り、平和ボケ、危機感ゼロ、現状満足、将来を読まないという、敷かれたレールに乗っているだけの戦後教育のツケが、日本に極度の危険を生み出しています。

今の日本は、先端技術、防衛・領土問題など、目前に迫っている危機を全く感じておらず、ずっと平和が続くと誤解しており、将来を読み解かない、危機感のない、危険な日本となっています。企業も戦後の活気が失われ、平和ボケした同じ状態です（すべての企業ではありませんが、相当ひどい状態です）。

しかしこれらの責任は、誰にあるものでもありません。責任を追及することよりも、前に向かって、国民の皆さん（まずは中央の政治家）が、仕事の中に、生き方の中に、過去を踏まえて現状認識をした上で、未来の日本国創造チームを組み、国内情勢と併せて前向きに取り組んでいき、先を見越した戦略、無から有（新）を生むことが必要です。

これらを実現するには、まず先進的な意見を持って行動をしている人を、周りがバックアップして、リーダーとして認め、日本のさまざまな問題点を一緒に考え、対応を向上させていくことです。さらに、安全・安心な日本を創るためには外交も重要であり、中央の政治家の協力のもと、国民みんなで日々努力することです。

日本をさらに高め、進化させるためには、発想塾の考えに添って、前向きな未来志向の人たちと共に、「どのような日本にするのか」を世界視点で考え、世界のトップを目指して行動をしていくことが、とても重要です。

時代の先読みをする

戦後、世界が驚く驚異的な発展を遂げた日本には、全国民が貧しさに耐え、危機感を持って頑張って働き、世界の中で大きく成長した姿がありました。しかし、あれから七十年、日本は戦後の勢いを失い、国民の意識もすっかり平和ボケしてしまっています。危機感のない日本、技術革新を持たない日本、競争心（目標）のなくなった日本人……これでは将来が危惧されます。

未来を考える発想塾への取り組みは、今、日本が戦後の勢いを取り戻すために、国にとっても、個人にとっても重要です。**国民全員が現状を学び、常に危機感を持ち、世界の先端を行くためにも、「考えること」が重要**です。すべての日本人が考えることにより、日本国の本来の強さが発揮され、戦後のように元気な日本が蘇ります。

パーソナルコンピューターの父と言われたアメリカのアラン・ケイも、「未来を創り出す（予測する）一番良い方法は、発明をすることだ」と、未来に向かって「新」を創り出すことが一番だと言っています。

強い思いは奇跡を呼びます。一見、マイナスな出来事に見えることも、あとで振り返れば、「ああ、あれがチャンスの入り口だったんだ」と気づくことがあります。心の中の前向きのワクワク感が強いとき、奇跡の「新」への凄い出会いがあったりします。モノ創り、発想力、次代を読み解く力が合わさって、想像を超える才能開花となり、ビッグな企業となるのです。

発想塾の基本は、現状の問題（課題）を見て、現状に留まらず、問題の先読み、対応力をつけることです。次なる問題（課題）の発生を予測して、事前に準備（対策）を講じておくことも大きなテーマです。問題が起きてからの対策では、後手後手にまわり、良い結果が出ません。先読みのできる人間を育てることは、重要な塾活動の一つです。

心配な日本から、夢のある日本へ

これは公表されていない話ですが、日本にも相当量の核が現存しているそうです。これからの日本を見たとき、自衛隊も時代の変化を読み解き、先を見た戦略を練っていただきたいと思います。経済戦略も、すっかり夕暮れ感があり、若者たちのいない国家になりつつあるように思います。借金が増え、新型コロナウイルス拡散もあり、財源が乏しい国家、日本。「周辺国から攻められたら、守れるのでしょうか?」の問いに、「守れない」の声を発する人が、国家の中枢に多くいるといいます。このままいくと、これからはコロナ対策もあってさらに難しくなるでしょう。何の武器も持たない人をやっつけるのは簡単、これが人類の歴史です。

国会議員の皆さんには、頑張って、学び、考え、視点を変えていただきたいと思います。今の国家は、国会開催中の議会を見ていると、議員は特に暇潰しをしているように思えます。「桜を見る会」も「選挙の忖度」も「新型コロナウイルス対策の遅れ」も、一生懸命に正義感を持って指摘、追及しているのでしょうが、私はそんな国会議員たちにこう言いたいのです。

「人が、結果として間違った過去の失敗を、懸命に追及するほど暇なのですか?　それよりも議員として、日本の将来のために、先の目標（夢）を示し、それに向かって努力することが大切でしょう？　あなたは日本をどんな国にしたいのですか？　それが全く見えません。他の人の発言や行動に対して、批判にしか考えが及ばないのなら、議員失格ですね。日本国の未来を託せません。もっと現実的に捉えてください。桜を見る会に、忖度に、新型コロナウイルスの対策批判に、時間を割いている暇はないと思いますよ。日本の周辺から大きな魔の手がどんどん伸びてきている今日、そんなにノンビリしてはいられないでしょう？　日本がなくなってしまいますよ。マスコミも現状を批判するより、未来を見据えた夢を描く姿を求めます。これからの若者たちが、あなた方の真似をした日本人になることを（先を見ない、先を考えない、暇に飽かせて人を批判する、有事の際、事前に想定していないから何もできない人）、私は危惧しています。私は一国民として、凄く心配しています！」

追加話として、人の批判、中傷、悪口などばかり言って、場の雰囲気を壊し、マイナス（暗く）にする人は、言っている本人やそれを聞いている人（嫌だと思いながら聞いている人）を含めて、その場全体にマイナスの波動（マイナスエネルギーを帯びたフォトンという素粒子波動）を蔓延させ、誰にとっても良くない結果を招きます。

一方、場の雰囲気を高め、みんなに自分の話を理解していただこうと思うのならば、相手の良いところを見つけて褒める、感謝する、尊敬することです。これらの言葉を発すれば、場に良い結果を呼び込み（プラス効果のあるフォトンという素粒子波動が場に蔓延します）、お互いに反省する部分や、感謝する部分を、誰もが心から受け入れることとなります。

フォトンについては第五章で詳しく述べましたが、これはすでに発見されている、人（動植物）やモノなどの間に発せられている目に見えない電波です。テレビ、無線、携帯電話の電波などと同じで、人と人の間でも、「好きだ」「嫌いだ」「面白い人だ」「つまらない奴だ」などなどが、実は以心伝心のように伝わっており、その場の雰囲気を作り出すのです。フォトンについては今後、もっと研究され、活用されていくようになるでしょう。

世界をリードする日本に

これまで述べてきたように、今日の日本の方向性や考え方には不安を感じる毎日です。近隣諸国との問題、中国・韓国・北朝鮮・ロシア・アメリカとの関係……。

戦後、一九五〇年頃の日本は、電機メーカー、自動車産業を中心に日本中が沸き立ち、先達の努力により世界に向かって急成長していました。ところが今日、経済が安定し、平和が続いたことで、危機感のない日本となっており、今後の国際情勢や経済成長を他人事のように捉え、停滞したままで先を見ていない、止まったままの日本となっています。これは非常に危険です。

二〇〇〇年頃までの日本は、特許出願件数は世界一でした。しかし最近は、中国百五十四万件、アメリカ五十九万件、日本三十一万件となっています。次代に関する特許（5G関係）の保有数は中国のファーウェイが千五百五十四件でトップで、他の基本特許も中国がトップ。昔は、日本のソニー、松下電器、トヨタ、ホンダ、日清食品でしたが、今日は米・中がリードしていて、特に先端技術ではアメリカGAFA（グーグル、アップル、フェイスブック、アマゾン）の創業者たち（ベンチャー企業）が考えた特許が多くあります。日本の学校（特に大学）は、昔には多く出願していましたが、今日では、アメリカ五大学、中国四大学、韓国一大学の順で、日本は十一番目に大阪大学が入っています。

国内の車社会の没落、電機機器の大変革（生産減）、世界では情報産業の超高速な変化などが始まろうとしている今日、先を読み、対策を考えなくて大丈夫でしょうか？　私はこれからの日本の進む方向に、とても心配をしています。

さらに、戦後アメリカの傘の下で守られて成長を得た日本でしたが、世代が変わった今、不安が頭をよぎります。これまでは、核兵器を「持たず、作らず、持ち込まず」で良かったのですが、それは次代を真剣に考えてのことなのだろうか？　とも思う日々です。現状に満足し、暇に飽かせて不平不満、愚痴や批判、そして過去の話ばかり。明日に向かう前向きな発言（意見）が聞こえてきません。今だからこそ、未来（明日）を考えた、夢のある思考をベースにすることが重要です。

日本が戦後の勢いを取り戻し、先進国になるには、現在の「覚える教育」から「考える教育」へシフトしないと先がありません。戦後は電機メーカーや自動車産業の創業者が頑張って世界を凌駕しましたが、今の日本企業は、先の見えない戦前の姿になっています。

日本が世界の先端を行く国になるためには、日本人全員が個人から変わっていかなくてはなりません。世にない（周りにない）モノを見つけるために、覚える（暗記する）教育を基礎に、そこから一歩前へ進んで、「新（革新）」へ向かって**考えることが重要**です。これは誰にとっても他人事ではなく、日本国の問題として、家庭（個人）から始めることであり、そこから地域が変わり、そして国全体が変わるのです。国民の誰もが、周りを見て一歩先を行くことを考えることです。

初めは、遠くを見て（抽象的な目標であるかもしれませんが、大きな将来の目標を決める）、そして次に足元を見て今を考え、それに向かって今、何をするのか、具体的なことを考え、実行することから始まります。日々、これを繰り返すことで成果を得ます。片方だけでは成果になりません。

進化し続ける時代を構築するために、進化する自分になるには、何をどう楽しく考えるかが重要で、それにはまず、自分の得意（好き）を知りましょう。自分の得意分野＋他人との合作で、人生は作られていきます。そして、途中では失敗を経験しながら、学ばせていただきながら、やがて大きなモノ（成功）が生まれるのです。

私が発想塾を提案するのも、危機的日本の姿をとても心配している表れの一つです。政治家たちは、もっと現状の中から学び、日本の将来のためには何が必要かを、国民にしっかり示すこと。国民も、それぞれ自分の立場で未来を見て、今日行動を起こすことです。

発想塾の提案は、過去を語ること（特に過去の行動や事例に対する批判・愚痴）よりも、現実を知って、未来に向けて何をするのかを「提案」し、夢を実現するために（無《ゼロ》を有にして、何をするのか目標を明示し、ワクワク感を持って対応できる人材を生み育てること）、みんなが考えて頑張ることができるための提案です。

国連でも、二〇一五年九月のサミットにおいて、次代を考えるための、「ＳＤＧｓ（持続可能な開発目標）」を掲げています。日本の将来、若者の夢の実現のためには、これらの行動を世界に向けて、積極的に推し進めることではないでしょうか。

私が申し上げていることは、決して国会議員、政治家たちを、あなたたちが悪いと批判しているのではありません。国の中心にいるあなた方にお願いしたいことは、国民が夢を描くことができ、未来に向かって目標を持ち、行動できるような言葉を、発していただきたいということです。日本は資源のない国ですが、発想塾での学び、提案を活かし、中央にいる方々がまず未来を描き、それを基に、国民が未来（夢）に向かって力を発揮して、世界をリードしていきたいのです。発想塾の学びを通して、目標を持った強い日本を創り、行動することなのです。

日本の未来のためにも、よろしくお願いいたします。

第八章　発想塾の取り組み実践手引書

（塾活動時の活用資料）

時代の変化に即した人材を育てる塾

年功序列が、終身雇用が、新年度一斉入社がなくなり、出身大学のブランド力も民間企業ではほとんど通用しなくなり、個人の能力が主体となっています（そのうちに官でもそうなるでしょう）。

発想塾は、それらのスキルを持った人材を、特に企業（職場）内で、地域内で、見つけ育てます。これまでのホワイトカラー族を、発想塾では「先を考えることが重要」と考える人材に導きます（将来を担う子供を育てることも重視しています）。

発想力には、人間力が大きく影響します。発想は、誰かに指示されて生まれるものではありません。自分の周り（生活や仕事）を見渡し、先読みをして、自分から主体的（積極的）に一人で生み出すものもありますが、総じて、周りの人などとのコラボレーションによるものが大きく影響しています。周りの人からの信頼による協力がなければ、発想は生まれないのです。ムードづくり、人間力がそのベースにあります。

発想塾「総本部」は、一般の方や行政、学校、地域、企業様方から塾へ参加される方を応援します（塾生を育てることも同時に進めます）。

企業様には、急激な時代変化、業界の変化を読み、その変化に対応した次代の企業を生み育てるために、新手法、新商（製）品、新商売、新事業化、新提案、そして産業財産権などへの取り組みについて、開発、資金、紹介、手法など（違った視点などを含めて）、明るい未来づくりへのアドバイス、コンサルタントを行います。

時代は超スピードで進化しています。特に企業様においては、今回の新型コロナウイルスによるダメージに絡んだ業種・企業の方々は、変化する時代の犠牲者です（コロナ以後も変化は続きます）。「航空業界の△△社が一千億円の赤字」「□□百貨店が六百億円の赤字」「数百年の老舗企業が倒産」「観光業界が数百億円の赤字」などと報道されている大手企業がそれです。その一方では、まだ生まれて新しいアメリカの先進企業グループＧＡＦＡ（グーグル、アップル、フェイスブック、アマゾン）が数兆円の収益と、絶好調を伝える記事も見られます。

このような時代変化を読み解き、視点を変えた次代の「新」に向かった戦略を持っていないと、大きな環境変化の波に潰され、死に絶える企業となります。時代を読み解き、視点を変え、常に考え、次代の発想力を持って生きることが、今の企業には強く求められているのです。車産業の未来も不透明、交通業界も不透明、銀行業界・証券業界も不透明、旅行業界も不透明、電力業界も不透明、大手の製造業界各種も皆、不透明（特に大手企業内にいると、それに気がつかない傾向があります）……。さまざまな業界が地球規模で変化している今、私たちにもそれに応じた大きな変化が求められています。

これからの農業についても、個人農業は廃っていくでしょう〈農協〈JA〉の将来にも暗雲が立ち込めています〉。他業種の企業が社内に農業部門を設け、広大な面積による農業に取り組み、専門性を持ち、本業とは別に新技術、新形態を活用して収益を挙げる方法、そして国際競争力のある農業に育てていく方法を、面白く考えることが始まるかもしれません。もちろん、世界視点で捉えれば、ますます人口が増え、そして国境が実質消え、大変化している今日、農業だけではなく、いろいろな職業を、AI導入に合わせ世界視野で考えることです。

また、このような時代変化の速い中、未来を担う子供たちのための「子供発想塾」は、現教育システムにはない、**「自分で未来を考える子供になること」**を主眼に、ご家族〈親御さん〉のご協力のもと、活発に進めていきます。子供発想塾は、先進国から遅れている日本を取り戻し、将来に元気な日本の姿を呼び戻すためのお手伝いに力を入れています。

発想力を生むための心がけ

①充実した生き方を

人は何のために生きているのでしょうか？　何のために働くのでしょうか？　受け身に

なってはいけません。待ちの人生になってはいけません。楽しさを持ち、自らが動き、主体性を持つことです。

常に人生の目標を持ち、自信につながる強い生き方（目標）ができていなければいけません。自分の臨終の際に、「充実した、いい人生だった」と思える人生を歩みましょう。

②人生は、厳しい道を選んでこそ

週休二日制、働き方改革、自己中心主義、就業時間制限……。今、のんきな人たち（特に若者）が増えているように思います。楽ができる仕事を選び、厳しさを避ける人が増えている今日、「これでいいのか日本！」と、私は日本の将来を危惧しています。

人のために尽くし、あえて厳しい道を選んで学ぶことを若い頃に経験しておくと、歳を取るほどに、不思議な収穫（成果）となって返ってくるものです。

「一生懸命に働く。社会のために働く。厳しい道を選ぶ」、このような中から「楽しく生きること、嬉しいこと」が見つかるのです。先人は「楽は苦の種、苦は楽の種」と、いいことを言っています。自分から厳しい道を選ぶ人と、それを避ける人とでは、人生の後半で物心共に大きな差が生まれるのです。国家組織も同様です。

③二十歳くらいには人生の方向を決める

小・中学校までの教育はもちろん大切ですが、その後は二十歳くらいには、私の勧める発想塾を経て、「自分はこれをやる」と自分の人生の方向を決めることが、充実した生き方につながります。熱中できる何かを探すのです。自分の生き方、生きがいのある目標、沸き立ち信念のある人生を創造する日々です。親御さんも、お子さんの将来のために、固定観念を持たず、時代を見極め、一緒に考えることが重要です。

④ストレスなく、若々しく生きる

- 好きなことに熱中する（リラックス状態）。
- 嫌なこと、ネガティブなことを避けるには、忙しくすることです。暇だとストレスが拡大します（忙しかった戦後の日本では、鬱病にかかる人はほとんどいませんでした）。
- 人生（特に後半）に、自分のやりたいことを持つことです。
- 発想塾活動を難しく考えない（入り口は特に）。インスピレーション（瞬時に浮かぶ）事象を単純に考え、楽しく、面白いことを辿ることです。寝床でボーッとしているときに突然、ピカッと発想が浮かぶ体験をしてみてください。

・発想塾活動は、体も、心も、若くなります。発想塾は着飾った外面の美しさより、内面や頭脳の若さ、凄さを引き出してくれます。

⑤人（特に子供）を褒める

人は褒められることで「成功脳」が作られます。逆に叱られると（特に子供は）「失敗脳」が作られ、失敗を避けるために消極的な行動を取るようになります。

また、成功体験が蓄積されていくと、物事を考えるときに脳の中に「成功回路」が出来上がり、発想も次々と生まれてくるのです。

⑥積極企業、積極社員を目指す

積極企業（人間）でいくのか、指示待ちの消極企業（人間）でいくのか……。時代変化がますます速くなっている今日、「遅れないこと」も重要ですが、「私が時代を引っ張っていくぞ！」と強い志を持つことがさらに重要です。

ＡＩ時代となった今日、変化が速くできる企業（変化を生み出す企業）でないと、明日がなくなります。前例にこだわらず常に変化（進化）し、熱い思いを持ち、伸びる社員。信念を持ち、世のため人のために発想力を高め、失敗してもめげずにチャレンジを続ける社員が、これからの時代を引っ張っていきます。そして、こうした社員たちが、社内起業家として社内に別会社を興し、社長として働く場を作ることも重要です。

全社員が常に「新」を生む社風（意識）を育て、仕事の改善・進化を生むための社内テーマとして、例えば、「人生の中で、あなたが一つでも特許を出願（取得）して、面白い人生を創造しましょう」というスローガンを掲げることにより、全員が特許に意識を持ち、未来志向となり、企業を改善・活性化させることにつながります。面白いテーマを提示することは、社員が前向きになる意識変化を呼び起こします。

⑦「世界視点」で生きる

制約されない自由な意見・意思を持ち、すべてに対して自発的に取り組んでいきましょう。視点は「世界」です。世界を観、日本を観、業界を観て、その中心に位置する企業。グローバル化は予想を超えてどんどん進んでいきます。独自の「新」を生み出すことは、結果、世界で勝つ（先頭を行く）ことにつながります。

⑧好奇心を持とう

若い人には、特に好奇心を持って挑んでほしいと思います。避けずに近寄って、手で触って確かめ、面白いと感じることから始め、諦めないで頑張って進めていけば、いつか大きなモノを手にすることになります。

⑨体験を活かす

体験や経験は大切です。けれど、活かすことができなければ、それも過去の邪魔ものとなります。体験・経験をどう活かしきれるか、常に考える癖をつけ、待つことなく、直観力を研ぎ澄ませて、素早い判断をするのです。

直観力は、経験から得られるものです。経験のある人の直観判断の大半は正解となることを、諸文献や多くの成功者などが発しています。発想塾活動によって、鋭い直感力（嗅覚）が磨かれ、体験が活き、あなたの人生を大きく伸展させます。

⑩失敗を恐れない

日本には、「失敗は恥」「失敗は絶対に許されない」という風潮があります。しかし、先進的な国のアメリカや、最近台頭してきた中国には、「失敗は成功への過程」「失敗は宝」といった、失敗を悪としない前向きな風潮があります。この点を周りがよく理解して、「新」への挑戦者を支えていくことです。

発想塾活動の目的は、次代（二十～三十年先）の夢のある日本を創ることです。

成果を高めるために

①「私には発想力がない」と暗示をかけない

「私は学校・職場・家庭で、ずっと『ダメ、ダメ教育』を受けてきたから無理」「新しいモノを考えたことがない」などといった、悪い（できないという）暗示を持たないことです。あなたが初めて縄跳びをして、初めて飛べたときの、「凄い！　スゴイ！」という気持ちを思い出しましょう。まず、否定的な言葉や、他人のせいにする言葉を発しないことから始めてください。そして、身近なことからやってみるのです。また、発想塾に参加して、全体の良い雰囲気に誘われて、前向きに変わる人も多くいます。「まずは目の前のモノを考えてみよう」と肩肘張らずにいると、簡単に変われるものです。

身近な発想とは、例えば定型から少しだけデザインを変えた服や靴がありますよね。それだけでも素敵になったりします。これらの魅力あるものも、誰かの発想から生まれたものです。このように、難しく考えずに進めていきましょう。

パナソニックの創業者、松下幸之助さんも、「『難しいことやけど、やろうじゃないか』

と言い続けると、道は拓く。『もうできないだろう』とさじを投げたら永遠にできない」とおっしゃっています。枠に囚われない自分を培うと、そこに新しい自分の未来が拓けます。時には一人で、時には数人の気の合う仲間と前向きに考えると、スパークすることが多くあります。これを体験して生きがいにすると、良い人生が得られます。

②毎日ノートに書く（写真や動画などで記録も）

毎日、周りを見渡して、気づいたことや体験をメモしておきましょう。

- 不便だと思ったこと
- 十年後を見据えて
- 子供へのテーマを
- こんなふうにすれば？
- こんなものがあれば
- 相手の人に喜んでいただくために
- 嬉しかったことなどの感動を、周りに広める手法

③ＡＩ時代が求める人材になる

ＡＩ時代に求められる人材は、ＡＩを超える「考える人材」です。

今日の「覚える教育」を受けた優秀な学歴主義の人材も大切ですが、発想塾が目指しているのは、次代の「新（先・将来）」を考える（考えようとする）ことのできる人材です（発想力のある考える人）。時代が大きく変わる中、考える人材は、特に企業にとって重要になってきています。将来を見据えたとき、ＡＩの領域を人が超えなければ、企業は存続できなくなるからです。

もちろん、個人個人のスキルを高めることも求められています。充実して生きるためにも、先を読み取り、考えること、発想力を高めることは重要です（急速な時代変革が起きている今日、未来のある子供たちにとっては特に重要です）。

④柔軟な頭、そして人間力が未来を拓く

- 発想には、柔軟な頭で臨むこと。石頭では受け入れられません。謙虚さを持ち、素直に受け入れると、それが過去の経験と結びつき、新たな反応（閃き）を呼びます。時代のスピードが速くなった今日、特に柔軟な頭が求められています。
- 一人で考えるよりも、二人で、三人で掛け合いをすることで、お互いの経験が重なり

合って、一人では得られない重層の「凄い！」につながります。特に、お互いに積極的に肯定し合って考える集団がベストです。さらに、本人の人間力が高ければ、周りからも積極的な協力がいただけます。人間力が発想力を高め、凄い重層成果を招くことにつながります（企業などには、特にこれが求められてきています）。

- ハーバード大学も、雑談仲間集団のそれぞれが異体験発表をすることで、それが奇想天外な発想に結びつき、全米一の創造性のある大学となっています。日本の大学においても、ＡＩ時代を迎えた今日、旧来の方向を見直し、次代を担う発想力の高い人材育成が重要となっています。発想塾が目指すのも、ここにあります。発想力の高い人が多くいる企業・組織には常に若さがあり、夢を描き、明るい未来を感じるのです。
- 発想塾内では、主従の関係はありません。すべての人が主役です。お互いに大きな影響を与える中心人物です（塾長も同じです）。
- 発想力を高めるには、必死で考える必要はありません。ついでに（付録的に）考える。遊びながら考える。グループで考えるときには、盛り上がった雰囲気の中で考えることです。必要なときに考えることも重要ですが、それよりも、周り（仕事）を見渡して常に「新」に向けた意識を持っていることが重要です（多くの仲間が同様な意識を持つこと）。

人は過去数十年間、合理性を追求するあまり、「やらされ意識」が定着してしまい、人としての基本（本質）である、「自由に考える喜び（生きがい）」を忘れていました。しかし今日のＡＩの誕生により、本来の生きる喜びである「自由に考える」姿が蘇ってきて、素晴らしい人間の姿を取り戻そうとしています。皆さんに発想塾をお勧めする理由もそこにあります。

⑤発想塾を職場内に設けると、同業他社との大きな差別化となる

- 粗利率の考え方が変わります
- 職場（企業）内に元気を呼び込み、融和と団結力を生みます
- 無理をせずとも、参加企業は社会貢献力を高めます
- すべての人が、すべての部署が主役となり、成果を出し、満足を呼び込みます
- 職場内の「発想塾」は、塾長及び塾生の両者が喜び、夢と生きがいを生みます
- 常に次代を見越した知的生産性により、収益が向上し、元気企業と化します
- ＡＩの領域を超えた、人間本来の理想的な、ＡＩと共存した職場づくりができます
- 技術力で、発想（開発）力で、工夫力で、大きな企業成長が描けます

・塾参加者を、「やらされ意識」から、主体性を持って「やっている意識（自分で考える）」に導く指導ができます（従から主への意識変換）
・相互に学び、充実することを目指します
・毎年五％売上を伸ばすことから、三〇％、いや二倍、三倍……と思考が変わります
・顧問企業においても、上から目線ではなく、同じ目線でコンサルタント（指導）をします。テーマを上手に顧問先や塾生から導き出すことが、発想塾の塾長の手腕です（この手法を、発想塾内で探る研究をしています）

⑥子供発想塾の進め方

子供発想塾では、三歳くらいから、沸き立つ子供の姿を目にすることがあります。小学生になると、さらに同級生などと沸き立ちます。この自主性を持った破天荒な姿を、大人たちが子供の目線に立って、「凄い！　スゴイ！」と褒めて伸ばしてやることです。

子供は毎日、新体験に喜びを表現する無邪気な姿を見せます。そのような子供に、発想塾ではまず、なんでも自分で考え、独自の答（オリジナル）を導く喜びを知ってもらうことから始めています（現在行われている学校の授業とは真逆です）。例えば子供にコップを見せて、「ここにコップがありますが、粘土を使って、今まで見たこともないような、

あなたの好きな形のコップを作ってみましょう」と簡単なテーマを与え、自分で考えてもらうことから始めます。

他にも身近なもの（お箸、靴、鉛筆、帽子、メガネ……）を挙げて、「元気の出る形にしてみて」とか、「優しさのある形に」、また「ひもをつけて失くさないようにして」「光を発する姿にしてみて」「値段が高い感じにしてみて」などとテーマを与えます。完成した子には、「家族にプレゼントして喜ばれる工夫をしてみて」などと、さらなるテーマを与えるのもいいでしょう。

子供の個性を重視して、「考えること」に没頭させるのが重要です。するとこのとき、子供の頭の中は凄い進化をしています。これを何度か経験すると、将来は頭の良い「考える子」になります。

もし途中で子供から、「これ、どうしたらいいの？」と質問があっても、すぐに答を言わずに、ヒントを与え、「最後まで考えさせること」が重要です。また、子供に対して否定的な意見（アドバイス）は決して言わず、肯定することを意識してください。

これらは子供だけでなく、大人や老人など、すべての発想塾において、「考える癖」をつける上での重要項目です。

⑦運気を上げる努力をする

- 身辺を綺麗にしておく（服装もスッキリと）
- 掃除をする（玄関、各部屋、不要なものは捨てる）
- プラス効果を呼び込むためにポジティブな会話をする。運気をアップさせる会話をする
- 正しいことをする（ウソをつかない。人を困らせない）
- 人（世）のために尽くすことが、自分のためになる
- 他人を批判しない
- 悪いことがあってもプラスに考える
- 愚痴、不平不満を言わず、感謝に変える
- 他人に嫌な思いをさせない
- 雨が降っても、晴れても、風が吹いても、星が見えなくても、自然に感謝
- 道に捨てられているゴミを拾ってゴミ箱へ。さらに、人がゴミのポイ捨てをしないようにするには……と考えることも大切

例①「ゴミのポイ捨てで運気が下がります。ゴミ箱に」と紙に書いて貼る。
例②神様のイラストを描き、「神は見ているよ」とセリフを入れたポスターを作る。

あなたのオリジナルの方法を考えてみましょう

人間には、自分の能力を発揮して社会貢献をしたいという気持ちが根源的にあります。社会のために、情熱を燃やす人生を歩むことです。

また、家庭や職場（学校）で、「運気を上げるにはどうしたらいい？」ということを、みんなで考えてみましょう。

テーマを考える「きっかけづくり」参考例

■ピカッと閃く瞬間の場づくり

- 必死で考えるより、リラックスしている時間にフワーッと浮かんでくる
- 自分で導く／複数で考える／組織で考える／気の合う仲間と考える
- 次代を形成するモノ／業界が考えていないモノ／業界が驚くようなモノ
- 不便さ／不満／ピンチの中に／夢の中に
- 「凄い！　スゴイ！」と沸き立つ言葉を周りに発する
- 常に発想塾に参加してピカッと閃く訓練を

- 子供と親御さん（お爺さん・お婆さん）との会話から「凄い！」が生まれる
- 後ろ向きで歩く／大股で歩く／右ばっかり見て歩く／上下を逆にしてみる／色を変えると／丸を角にすると／百倍にすると
- 泥棒の目線で見れば／百歳になれば
- 重いもの／右へ／上るもの／地中に／見えないもの
- 新聞、雑誌、テレビなどの中に「不」がつくニュースを観て考える（不便、不幸、不思議、不満、不足、不作、不自由、不自然……）
- すべての現象（行動）を「目的」で考えてみると
- 毎日ノートに書いて、自分に課す
- 十（三十）年前に生まれたモノを学び、そこから十（三十）年後に進化して生まれて欲しいモノを考える
- 自分の身の回りのモノを考える
- 自然界のエネルギーは太陽、風、水力、地熱などだが、これらはどこから生まれてきたのか。また、宇宙にはもっと凄いエネルギーがあるのでは？
- 物は燃えて煙となるが、燃える前の重さはどこへ？　例えば、木材が燃えると灰となり、重さが軽くなる。燃える前の物の重さはどこに行ったの？　それを他へ応用でき

ないか

・子供の、家族の、地域の、学校の、職場の欲しいモノ、楽しいモノ、安全向上に貢献できるモノを考える

・自分の持ち物が、駅などで置き引きされない方法は？

・あなたの考える、身近な欲しいモノとは？

・電気は水、風、光、油で発電することができるが、他に方法はないか

・重いモノを、どうすれば負担なく運べるか

・なんでこんな（色）（見苦しい）（四角）（上向き）（大きい）なの？　これを〇〇にすればいいのに

・もっと簡単な方法にするには？

・電話を使わないで相手に伝える方法は？

・なぜ学校へ行くの？

・この味を、ご高齢の方が好む味にするには？

・なんで火が要るの？

・この縄跳びを、もっと〇〇にすれば

・このゲーム、二人でしかできない。もっと多くの人と一緒にするには？

- 叱りたいとき、逆に褒めてみると／〇〇の良いところは？
- もっと簡単に／逆にすると
- 「無理、できない」と言ったけれど、考え直してみると
- 「これ面白い」と興味を持ち、探求すると
- 車に〇〇が付いていれば
- AとBを合わせると
- 白髪を黒く見せるには／ハゲ頭からハゲている感じをなくすには？
- この形でいいの？　／無駄になっていること（モノ）は何か
- もっと健康になる方法は？　／もっとおいしいモノにするには？
- 十年先、二十年先、三十年先にどんな〇〇（仕事、生活用品、面白いモノ）が生まれるか
- 道を歩きながら／テレビを観ていて／子供の姿を観て／会話の中で
- この茂み（森）を／空に〇〇があれば
- そのボール、転がしてみて
- お箸を使わないで食べる方法は？
- 輪ゴムを使ってイカダを作る／粘土で風船を作る

・人の心を読むロボットを作る／水に浮かぶコンクリートを作る
・今、あなたの手にしているモノをさらに改良すると
・次代のＡＩとは？／５Ｇの次には？

企業様などのプロの方には、将来的に、発想塾の参加メンバーの関係する同じ業界のプロの方に（先方の了解の上で）ご協力をいただき、将来を見据えた問題解決のご提案ができる場を考えています。

巷の問題（解決するテーマ）には、プロが、素人が、大きな年齢差の人が、幅広く一緒になって考えていきます。

■見直しするモノの例（二つ、三つを組み合わせることでの閃き）

大きさを／色を／見える方向を／常識を／基準を／長さを／角型を丸型に／重さを／方法（手段）を／当たり前を／素材を／安価（高価）を／イメージを／若さを／違った年代の視点で見る／見栄えを／時間を／太さを／量を／二次元を／強さを／レベルを／輝きを／印象を／速さを／甘さを／渋さを／今を／十年先を／深さを／温度を／地域を／暑さ、寒さを／優しさを／厳しさを／位置を／上下を／高低を／

常識を／前後を／
- 一〇〇分の一に。一万分の一に。百倍に。一万倍に
- 水を。油を。空気を。光を。音を
- いつもとは違った五感で観る
- 長所を。短所を。見方を。思い込みを
- 「できない、無理」を、「できる、やるぞ、面白い」で
- ロープを、縛るという用途以外に、音を出す、光を出す、振動させるなど
- 新しい「凄い」が生まれたとき、さらに自分として「凄いモノ」にするには
- そして、あなたの見直したいモノとは？

発想が生まれるのには、人やモノが相互に関連しています。常に周りを意識していることが重要です。あなた自身が生活している（生きている）中に、テーマは無限にあります。身近で簡単なものから、専門的なものまで。これらは自分の生きがいのためですが、**「家族のため、仲間のため、世のためなど、周りの人に尽くすこと、良くすることは？」の意識が重要です**。発想塾に参加すると、子供や親御さん、近隣の方々、仲間、友人など周りの人から発想テーマをいただける機会も増えます。「あの人に聞いてみれば（教えてもら

えればﾞ)」となり、新たな元気をいただくことになります。

ちなみに、あるときテレビで車の事故のニュースを見たのですが、その事故状況がドライブレコーダーにしっかりと記録されているのを見て、私は「凄い！」と思いました。私は子供の頃に学校で同級生から殴られてトラブルとなったことがあり、そのとき先生から事情を聞かれても上手く説明ができませんでした。すると先生からは、「あなたが悪いのでは？」と言われてしまい、それは大人になった今でも納得できていません。人の体にもドライブレコーダーのようなものをつけて学校や会社に行くことができるように、考えてみたいと思います。

発想塾の成果

①日々の生活を充実させ、幸せ人生を招く

発想塾に参加することにより、充実人生が得られます。以下、その例です。

- 人生に定年はなく、元気を呼び込む
- 充実した楽しい人生で終える

- 子供の前向きさを呼び起こし、夢を描き、頑張る気持ちになり、成果を得る→嬉しい、楽しい日々を体験する
- 難しいときこそ若さを呼び戻す
- 周りの現象（体験）をすべて前向きに捉え、生きがいにつなぐ
「若さ」の基準を、年齢から地頭力《じあたまりょく》に切り替える
- もっと勉強しよう！　何歳になろうと、気分は二十歳の青春人生
- 子供（孫）に自慢できる、ビックリする○○ができた
- 笑顔が福を招くことを知る

発想塾に参加することにより、主体的に行動できるようになります。以下、その例です。

- 発想塾活動に積極的参加
- 活動を自分から興す「自分塾」
- 人生の面白さ、楽しさ、生きがい、仲間力、人間力を高める
- 仕事人生の仕上げを発想塾で（現役時代にやれなかったことを高齢でもやり遂げ、プロとしての人生の仕上げにつなぐ）
- 地域に、職場に、学校に、家庭に、元気と幸せを届ける

・子供たちに発想力を高める指導をして、周りに元気な子供たちを育成する
・これら夢のようなことを、行動することによって、日々の中に充実人生が得られる

②企業（仕事）への貢献力アップ

ＡＩ時代になったことにより、人の仕事にも大変化が起こっています。人の仕事は、これまでの**作業から**、人の本来の仕事である**新（０から１）を考えること**となり、発想塾によって、考えながら楽しく仕事をすることができるようになります。

また、業界、業種、地域、男女、年代、学閥、国家間などの境がなくなり、予想をはるかに超える速さへの大変化に対応できるようになります。

さらに、塾活動によって、新製品、新プラン、新規事業、新戦略……などなど、今まで以上に超「新」に対応でき、企業淘汰、衰退を避け、強い結束力を持った企業づくりができます。企業だけではありません、個人も同じ成果です。

時代のスピードは予想以上に速く進んでいます。昨日の続きをしていたのでは、ＡＩに仕事を奪われて明日からの仕事がなくなることを知り、考える仕事に即時対応。人が生き続けていくには日々、進化が求められているのです。発想塾では、これらの大変化に対応する「新」を提案し、「新」を共に考え、また新時代を捉えた「新」を考える人材育成

（仲間づくり）が進むようになります。

ＡＩの導入により、企業内の仕事（作業）は速く正確にできるようになります。これを早く取り入れ、実行した企業は、圧倒的に同業よりも有利になります。人は人として将来を見据えた、**考える仕事**が基本となります。時代のスピードは、思っているよりも速いのです。それに遅れれば、普通は敗北（廃業）企業となりますが、発想塾への参加（取り組み）でそれを避けることができます。

日本をはじめ、欧米などの先進国における製造企業は、数年前から急変して、現在は中国をはじめとした発展途上国が中心となっています。そういったことからも、日本はＡＩを進化させ、「新」を考え、次代をリードする製造方法に国を挙げて取り組まないと、大変なことになると言われています。発想塾への参加を通してこれらの変化を充分に理解し、時代に負けないように頑張っていく夢が描けます。

このような中で、企業や業界を外から観ると、いろいろと観えてくるものがあります。発想塾のアドバイスを参考にし、他社との差別化を図り、企業・組織力を高め、先の観える夢のある企業運営を目指しましょう。

③やる気、スキルを高める企業風土

従業員たちはアフター・ファイブにキャリア・アップ「発想塾」に参加する、また企業内において塾を開催することを考え、これにより企業内全体に「新」の効果（喜びを持って仕事をする癖）を行き渡らせ、習慣化することができます。

副業の時代に対応するために、また企業間競争を勝ち抜くためにスキルを高めるという社風にし、「新」を基本にして日々進化、前向きに考える集団化の実現を図りましょう。職場・社内で、この未来の「新」を意識した従業員たちが頑張ることにより、勝負（将来）が決まるということに気づくでしょう。

④何歳でも若さを得られる、そして元気な日本創りを

発想塾を経験すると、どんな厳しい状況下にあっても、時間を忘れ、厳しい環境を忘れ、自分に集中・没入できる何かを見つけることができ、人生最高のフリーで幸せな時間を堪能できます。

十歳のときでも、二十歳のときでも、六十歳のときでも、自分が未経験のことに遭遇したとき、逃げるのではなく、「今が最高！　ありがたい」とポジティブな心で「新」を追求し、得るものがあることは、人生にとって幸せな土産となるのです。

七十歳になってでも、私のように生まれて初めて本を出版し、さらに発想塾を提案しながら、学び、考えることを趣味のようにして、活力ある毎日があります。私も今、初めて自分の本来の力（仕事）に気づき、勉強しているところです。年齢と共に忘れることも多くなりますが、それ以上に、多くの経験をベースに好奇心を持ち、学ぶ（入れる）ことで、お金をかけずに脳の若さを保っているように思います。

脳科学者の茂木健一郎さんは、「自分は高齢で若いときのような学びはできない、日々の時間経過も早く感じるようになったという方は、脳からドーパミンが出ていない」と言っています。「やる気物質」などと言われているドーパミンは、何かに挑戦しているときに多く出ていて、時間も長く感じるものです。「私には無理」と思えば、それで終わります。しかし「面白い、やってみるか！」と一段高い挑戦を始めることで、脳は喜び、元気になります。これらはあなたの中にあるのです。

私が発想塾をご提案するのは、日本の将来を危惧してのことです（自分の家系を守り続けることも同じです）。国民の皆さんが自分の周りを見渡し、お互いに力を合わせて、先を見て「新」に向かって考え、頑張り、弱い部分を補い合い、強い日本を創ることを願ってのことです。日本の将来のためにも、家庭を強くし、職場も、生活のすべてを沸き立たせ、「全国民が世界で一番元気で、幸せです」と言える国を目指して、共に頑張り、成果を出していきましょう。

発想塾の会報「凄い・ピカリ・感謝」を発行

- 読者様も参加する会報です
- 皆さんから発せられた「新」を、投稿者の了解のもと披露もします
- 非公開中は発表しませんが、本人様了解のもとで公にして、皆さんから意見や提案をお受けし、事業化へのお手伝いなどもいたします

※詳しい内容は、塾の中で披露します。

個人の成果

■六十歳超の方では（人生の成果）

- 年老いても前向きさを持ち、若さを保てます
- 自分の周り（家庭・地域・同窓・業界）が沸き立ち、元気になります
- 自分の、周りへの貢献力が上がります

- 離職後も、新たな前向きな交流仲間ができます
- 職業枠が外れて、経験を活かして、本当にやりたかったことが実現できます
- プロとして（旧の仲間と組むことなどで）、業界に新発想を提案できます
- 若者のようにチョイワルなイタズラを考えてみる、面白い人生があります
- 夢中になり、年齢を忘れた自分がいます
- 発想塾への参加から、自分塾を設けることで、若さはさらに蘇ります
- 発想塾への取り組みは脳を喜ばせ、年齢を寄せつけません
- 発想塾への参加は今。そうです、一番若い今なのです。難しく考えないで、子供や孫のためにも、まずは参加することからです
- 若かりし過去の思い出より、明日（未来）に夢が湧いてきます
- 発想塾活動に、周りの人を巻き込み、ボランティアをするとさらに若返ります
- 人生の経験を最大限に活かし、若さを蘇らせるのが発想塾です
- 家族への貢献（特に子・孫に）、人生の仕上げ、これ以上のものはありません
- 発想塾への参加は、若い頃の恋愛の再現です
- 周りが羨む若さがあります
- 不平不満、愚痴をなくして、これからの夢、希望を語れる若者に蘇ります

・年老いても「若さの欲」を持ち続けることができます

■家庭内では

・家族がお互いを肯定することで家庭内が沸き立ち、元気でやる気のある人が増えます
・子供は、「将来を考えることを主にした頭の良い凄い子」に向かって育ちます
・「お父さん凄いね！」「これ、〇〇子が考えたのか？　凄いな！」の声が上がります
・常に周りを見渡して、考えることを主体に沸き立ちます
・家庭内に前向き思考、一体感が生まれ、ネガティブ言葉がなくなります

■二十歳未満の若者では

・常に先（未来）を考える人が増えます
・世界を凌駕する頭の良い子が育ってきます
・生きる勇気（夢）を持って頑張ります
・興味を持つことで、自分の人生（方向。生き方）を見つけます
・鬱病や登校拒否、ゲーム依存症などから、多くの方が解放されます

■小学生以下（十二歳以下）のお子さんを持つ親御さん（お爺さん・お婆さん）では

・家族みんなが、常に工夫する家庭となり、沸き立つ明るい一家となります
・周りから「凄い！　スゴイ！」の声があり、地域に大きく貢献する姿があります
・年齢を忘れて、夢の実現に向かって、子供や孫のために頑張る日々となります

■働き盛り（二十～六十歳）の方では

・職場を含めて、日常の中に「良くするため」の工夫をすることが増えます
・職場（企業）業績が、大きく伸びてきます
・自分の職場や、地域が沸き立ち、具体的な成果が生まれてきます
・職場内の団結力、コミュニケーション力が高まります

■地域（集落）では

・住民同士のコミュニケーションが高まります
・「批判をしないこと」を基本にした前向きな地域になります

■老人ホームなどでは

- 体は動きにくくても、「考えること」を基本にする人が増えるため、脳が活性化し、認知症などが減っていきます
- 老人ホームが、乳幼児ホームのようにワイワイ、ガヤガヤと賑やかになります

■民間企業（職場）では

- 指示待ち人間を脱し、周りのことや仕事の工夫（改善）をする人が増え、「具体的な凄い！」が、新製品や作業改善を実現します
- 企業業績が上がります
- 次代の世界を観た、（先端）企業群が誕生します

■行政（地方自治体・中央など）では

- 前例主義が減り、「もっと良くするには」で考え、効果が出てきます
- 世界をリードするには「行政も進化を考えることが重要だ」となります
- 地域貢献力が増してきます
- トップダウン（指示待ち）がなくなり、自主的に考え、改善案が提案されてきます

■政治家（国・都道府県・市町）では

- 人（特に同僚議員）を批判することをやめ、将来の方向を見据えた「新」を提案し、賛同をいただける雰囲気を作り、成果の出せる前向き議員となります
- 何のために議員になっているのかを見直し、議員は「手段」であり、「目的」は住民のために働くことだ、と考えるようになり、貢献力が増してきます
- 視点が広くなり、地方・日本・世界の将来を考えるようになります
- 日本人であることに、自信と誇りを得ます
- 「人もモノも未完成」を前提にした発言となります

■総合的には

- 周りを観て、考えること、肯定することを基本とすることにより、批判や愚痴がなくなって、前向きに考え、成果の出せる人を増やします
- 先を見た提案、改善、工夫、発想、新技術、新手法が生まれます
- 常に「さらに良くするには」と考える人が増えてきます
- 日本が新（技術、商売、情報、分野）で世界のリーダーとなります
- 日本人であることに誇りを持った凄い人が増えます

・世界が、日本人は凄い（魅力のある国だ）と見直します
・世界との交流が増えてきます
・日本の景況感がアップします
・人間力で世界をリードしていきます
・人・モノ・カネで一段進化した日本が出来上がります
・日本が、技術力、開発力、人間力など、あらゆる分野で力を持ち、経済力はもとより、軍事力を含めた総合力で世界をリードしていきます

人類も、モノも、進化することが基本です。発想塾に一度でも体験（参加）することで、思考パターンが変わり、それがひいては世界をリードする国になることにつながります。

前記の各項目もさらに考えれば、「私なら○○の効果がある」「こうすれば、もっと凄い」と、個々人がさらに進化する部分がまだまだあります。

それぞれの皆さんが、それぞれに発想塾を楽しんでください。仲間や家族も加わって考えると、さらに沸き上がり、より良い結果を招きます。

以上のような効果は、「三大効果」として大きくまとめることができます。

誰もが手にする「三大効果」

①即時開始、即時効果を知る

「資金（資本）投資がなくても、無理をしないで、簡単に、日本（職場・地域・自分）を変えられる」と、参加者（国民）みんなが驚き、即時実行する姿があります。

②考えることの重要性を知る

　現状を学び、教えられたことを理解して覚えることから一歩進んで、「先を読み解き、自分で考えることが、夢のある未来を拓くこと」であり、それが重要であることを知り、喜びを簡単に体験できます。

③「凄い！」の威力（効果）を知る

「凄い！」という肯定言葉の効果に驚き、批判や愚痴がなくなり、「凄い！　スゴイ！」が飛び交い、沸き立ち、協調性、人間力のある人たちで溢れた、元気で前向きな日本となります。

※発想塾は簡単に取り組め、無理をせずとも、老若男女みんなが成果を手にすることが

できます。家庭を、職場を、学校を、高齢者を、地域を元気にしましょう。

発想塾を体験した一人から、日本中が沸き立つことに

発想塾で学ぶと、毎日、朝起きてから夜眠るまで、周りのすべてを楽しく考え続けていくようになり、あるときビックリするものが閃き、「凄い！　スゴイ！」の言葉が飛び交い、自分や周りの人の心やモノの満足感を満たし、お互いが素晴らしい人生をいただくことになります。

発想塾が提唱する「考えること」「褒めること（肯定すること）」の重要性や素晴らしさを、皆さんが実際に体験し、周りの人たちにも自然と広めていくことで、お互いに前向き思考（会話）となり、強い日本を築くことになります。そして、それが日本中に拡大することにより、日本の国民みんなが沸き立ち、逞しく、元気な日々を送ることになるのです。

まとめ

誰もが一度だけの人生なのですから、楽しく嬉しい生き方を見つけましょう。発想塾は

皆さんに、多くの幸せへのご縁をお届けしたいのです。

私が、そしてあなたが、一日考えなければ、日本を変えることが一日遅れることになります。日本人はみんな前向きです。周りを愛し、自分を愛し、みんなを誉め、自分を誉め、先人に感謝し、自分に感謝する。日本を強くするための伝統です。私たちは日本のために頑張り、地域のために頑張り、あなたのためにも頑張ります。誠実本位の日本人みんなが、連帯感のある強い底力を持っています。これら人間本位の生き方が、日本人の血流となっています。発想塾は日々、前向き思考で、沸き立つ自分や仲間を通して、その底流を創り出します。

『発想塾』発刊にあたり、感謝の言葉

最後まで本書を読んでいただき、ありがとうございました。

発想塾は、塾に参加される皆さんが主役です。そして、発想塾活動は、自分がいる場所（自宅・学校・職場・集会など）での二十四時間、仕事中に、就寝中に、入浴中に、食事中に、電車の中でふと、本を読んでいて、また歩いていて、さらに身の周りのモノ（靴、鉛筆、お箸、自転車、人、風景など）を観て、人の文章の中にも、「これだ！」と光るモノが見つかり、元気を呼ぶ活動です。常に意識することで、周りのモノが光り輝きます。

仕事の中でも意識して、「もっとこうすれば」「このようなモノがこれから必要だ」、また「こうすれば喜んでいただける」「なぜこうなるのだろうか？」と考えていると、ピカッと凄い閃きにつながることを、発想塾は目指しています。

一人でいるとき、みんなといるとき、家庭で、学校で、職場で、地域で、楽しくワクワク沸き立つ日々の中から、閃き「新」を見つけ、新たな躍進（次代を創り出すこと）となり、前向き思考で、生きがいを生む活動が発想塾です。期限も、ゴールも、義務もありません。楽しさだけがついてきます。それが成果につながれば、喜びはさらに大きく増します。

活動を始めると、まず自分が元気になり、そして家族が（特に未来を担う子供は、常に考えることをベースとすることにより、長い人生においてそれが宝となり、大きな成果を生み出します）、学校が、職場が、地域が元気になり、周りのみんなの前向きな活動が善波動（フォトン）の連鎖を生み、素晴らしい成果につながり、進化を実感した楽しい毎日を送ることになります。

人間の脳は、三層構造（本能・感情・思考）になっていて、他の動植物にはない、人間だけに与えられている「考えること（思考）」が埋め込まれています。日々の生活の中で、周りのモノを観て、安全のために、進化するために、もっと便利にするために、良くするために……と常に考えるのです。

ＡＩ時代を迎えた今、いつからか忘れかけていた人間本来の姿を取り戻し、考えながら楽しく仕事をすることが今日、特に重要になっています。良い時代の到来です。考えることは、同時に人生の喜びや充実感を得ることになります。

発想塾は、老若男女、お互いが無理をせずに面白く、人生を充実させるために、今までにはない、「凄いね！　よく考えたね」が人々の間で飛び交う、明るい環境を伴った日本になることを強く願っています。

私が今日、このような書籍執筆や塾活動に没頭できるのは、食事や身の回りの世話をしてくれて、これに熱中させてくれる妻がいるからであり、妻がいなければ私は今の人生・生き方を築くことはできていません。

また、今日の自分があるのは、子供の頃から両親や祖父母、近所の人たちに守られてきたからです。「ありがとう」の感謝の言葉しかありません。

このような素晴らしい体験をさせていただき、私を見守って育ててくれた時代（一九五〇年から今日まで）にも、深く感謝したいと思います。

そして、これからの日本が世界の中で、元気で素晴らしい国になるよう、発想塾活動を通して、強く願っています。

最後になりますが、皆様が発想塾を体験されて、今までに経験したことがないような「凄い！」が一つでも見つかれば、著者としても、塾提案者としても、この上ない幸せです。関係者の皆様、日本中の皆様が、元気で若返ってくださることを、四国高松の地より願っています。

最後までお読みいただき、ありがとうございました。

発想塾代表　中山憲士 拝

著者プロフィール

中山 憲士（なかやま のりお）

1950年、香川県高松市に生まれる。

1972年、大阪産業大学経営学部を卒業し、高松が本社の日本興業（株）に入社。技術部から営業部を経て、1989年9月退社。

1989年10月、ランデックス工業（株）を創業し、代表取締役に就任。創業31年を超え現在に至る。

その間、想像を絶する幾多の荒波を経験するが、そのたびに不思議（奇跡的）な愛の手が伸びてくる人生を歩む。今も奇跡は続いている。

表彰・顕彰など多数。諸役員拝命。

幸せを呼ぶ 発想塾

2021年5月15日 初版第1刷発行

著　者　中山 憲士
発行者　瓜谷 綱延
発行所　株式会社文芸社
〒160-0022 東京都新宿区新宿1－10－1
電話 03-5369-3060（代表）
03-5369-2299（販売）

印刷所　株式会社フクイン

ISBN978-4-286-22558-6

【成果例】

- ☑ 自分の人生を充実させます
- ☑ 家族が夢を持った元気な姿となります
- ☑ 子供が頭の良い子になります
- ☑ 職場が沸き立ち利益を生み出します
- ☑ 地域のコミュニケーションがよくなります
- ☑ 高齢者の認知症を減らします
- ☑ 国民が元気で夢を持ち若返ります
- ☑ 世界が羨む元気で未来思考の国となります

☑ CHECK

幸運を呼び込むための、日々の実践記録

①今日、自分から発した「凄い！」は、誰に、どんなことで、合計何回発しましたか？

誰に（　　　　　　　　　　　　　　　　　　　　　　　）

どんなことで（　　　　　　　　　　　　　　　　　　　）

合計（　　　　　　）回

②今日、自分が受けた「凄い！」は、誰から、どんなことで、合計何回受けましたか？

誰に（　　　　　　　　　　　　　　　　　　　　　　　）

どんなことで（　　　　　　　　　　　　　　　　　　　）

合計（　　　　　　）回

③今日、自分から発して、明るい雰囲気を、誰に、どんなことで作りましたか。

誰に（　　　　　　　　　　　　　　　　　　　　　　　）

合計（　　　　　　）回

④今日、自分以外の誰が、どんなことで明るい雰囲気を作りましたか？

誰が（　　　　　　　　　　　　　　　　　　　　　　　）

合計（　　　　　　）回

10. 面白く考えてみる

- 面白い歩き方は？
- 指を使ういろいろな数え方は？
- ６人でできるオセロゲームを考えてみよう
- リモート喫茶で遠くにいる友人と会話するには？

11. 相手を怒らせないで叱る

- 叱りたいとき、相手を怒らせない言葉で（相手が激したり傷ついたりせず、逆に笑顔が出るような言葉）あなたの本心（気持ち）を伝えるには？

12. その他

- 楽しい、面白い、嬉しい、凄い、そんな生き方は？
- 人も、お金も、モノも、健康も、仲良しも、これらを全て満足させる方法は？

参考１：今後なくなる（縮小する）業種・行事

結婚式　／　葬儀　／　ガソリンスタンド　／お寺、神社の参拝　／　タクシー　／　公共交通機関　／従来の「覚えるだけ」の学校や学習塾／個人農業／AI 導入が遅れている企業　／　銀行　／　JA（農協）

参考２：今後新しく生まれる（拡大する）業種・行事

ドローン活用技術　／　AI 活用技術　／　AI に強い人材（企業）／　先読みの出来る人材（企業）／在宅勤務　／　家族葬儀（廃業コンビニ跡地を利用）

6．10歳未満の子供に対して（親御さんから子供へ）

・子供を前向き（やる気）にさせる言葉は？
・子供にゲームをやめさせるには？
・子供に発想力をつけさせるには？
・子供の運動能力を上げるには？
・勉強をゲーム感覚でやる方法は？

7．家族

・会話の多い仲良し家族になるには？
・思いやりの気持ちが高い家族になるには？
・笑顔と夢と感謝語しかない家庭を作るには？
・運気が上がる家庭を作るには？

8．周辺のモノ

・ロープから音、光、匂いなどを出すには？　また、ロープを喋らせるには？
・人の心が相手に伝わるパソコンを作るには？
・コンビニの閉店店舗を有効活用するには？
・歩く（見る）だけで掃除ができる器具とは？

9．視点を変える

・タイヤのない車を考えてみよう
・クレーンは吊り上げるが、他にモノを動かす方法は？
・ドローンの活用法を探ってみよう

３．発想

- 四角なものを、円くするには？
- 車のタイヤはなぜ必要なのか？
- ＡとＢを混ぜるとＣができる場合、ＡもＢも使わずにＣを作る方法は？
- 傘以外で雨に濡れない方法は？
- なぜこれを使うのか？　これがなくてはできないのだろうか？

４．業界の未来

- タクシー会社は、未来にどうなるか？
- 電機メーカーや家電販売店は、未来にどうなるか？
- 運送会社は（宅配や引越し屋も）、未来にどうなるか？
- 建設業（土木、建築）は、未来にどうなるか？
- レストランやカフェは、未来にどうなるか？
- 今のあなたの会社や業界は、未来にどうなるか？

５．地域の未来

- 人口を増やす方法は？
- 若者を増やすには？
- 農業所得を上げる（農業従事者を増やす）には？
- 結婚する人を増やす（成婚率を上げる）には？
- 選挙の投票率を上げるには？

感謝しています。

☑ CHECK

実践メモを作ろう

「実践メモ（ノート）」を作って常に手元に携えておき、「ピカッ」と発想テーマが浮かんだら、すぐに書き込もう。また、以下の発想テーマ例から、あなたのオリジナルの答を考え、実践してみよう。皆さんも自分で自由にテーマを考え、実践メモに書き加えていこう。

1．改良

- 重いモノを簡単に運ぶには？
- 杖に代わるものは？
- 今は複数人でやっていることを１人（０人）でやれないか？
- 電源（電灯）を使わず部屋を明るくするには？
- 身近なモノ（机、服、箒、雑巾、コップなど）は、30年後はどう変化しているか？

2．社会一般

- 通勤、通学の時間は無駄。これをどうするか？
- お金の次に来るものは？
- 遊びが仕事になる時代。何が仕事になるか？
- プラスチック（ストローなど）ゴミ問題の解決法は？

◎自分の得意を知る
◎日々続け、諦めないこと

☑ CHECK
発想塾「感謝の三唱」

　発想塾開始時に、全員で「感謝の三唱」を唱和する。これを唱和すると、善波動により発想力が高まり、健康・幸運が増進される。

《**唱和文**》（以下の太字部分を唱和する）

今日も私の健康・命を支えてくださっている皆様に感謝します。
1．60兆の細胞さんの頑張りに感謝します。
（60兆は、人の体を構成している細胞の数。最近は37兆と言われている）
2．自然界から多大なる恵みをいただいていることに感謝します。
（大地や太陽からの水、空気、光、食物、緑など）
3．人間界の皆様からいただく深い愛に感謝します。
（ご先祖様、家族、周りの人などからの思いやり、優しさなど）
　これら3つの大きないただきモノに、日々感謝し、仕事の中に、生きる中に、発想塾を通して、少しでもご恩返しのできる人間となります。ありがとうございます。ありがとうございます。ありがとうございます。

幸せ重点項目② **日本の教育を「覚える教育」から「考える教育」へ**

興味を持てば疑問が出てくる。それを積極的に質問し、深く理解し、次を考え、楽しく答（新）を出す。

幸せ重点項目③ **人が発する言葉の驚きの効果**

何にでも興味を持つ子供には特に「凄いね！」が大きな効果になり、将来が拓ける（大人も同様）。

幸せ重点項目④ **「手段」か「目的」かを見極めよ**

例えば、道路建設は人や車が移動する（運ぶ）ための手段であり、人やモノが移動できればいいのだから、別の手段（方法）を考えてみる。

幸せ重点項目⑤ **周りに善の波動を発振する**

例えば家庭に善波動を呼び込むには、毎日笑顔での挨拶や、今日の良い出来事の報告。「ありがとう」「おいしかった」など感謝の心を伝え合う。

☑ CHECK

発想力を生むための心がけ

◎気概を持った人生を
◎人生は、厳しい道を選んでこそ
◎ストレスなく、若々しく生きる
◎人（特に子供）を褒める
◎４つのＰを持って臨め（情熱・目的・仲間・遊び心）
◎生き方の視点を「世界」に広げる
◎ワクワク感を持つ

それではさっそく、別冊を手元に、皆さん各自で具体的な「発想テーマ」の門をくぐってみましょう。

☑ CHECK

発想塾活動で大切な心がけ

「新（0→1）」を生むには、予想以上に時間がかかり、イライラすることもある。しかし、うまく気分転換しながら、「ピンチはチャンス」の気持ちで諦めずに前向きに考えていると、神がかり的な答をいただくことがある。これを体験することで、諦めずに考える強い心（力）が作られる。

☑ CHECK

幸運を呼び込むための具体的な行動

①笑顔
②感謝の言葉、肯定語、褒めることが基本
③何事も当たり前と思わず、考えて進化させる

☑ CHECK

発想塾幸せ重点５項目の実行

幸せ重点項目①　人もモノも未完成

「未完成」な人やモノに対して批判や不満を言わず、前向きな言葉を発し、進化・発展することを考える。

運気上昇
人間力向上
元気を呼ぶ
幸せを呼ぶ

発想塾

実践手引書

HASSOUJUKU
JISSEN
TEBIKISHO